Death

AND · THE

Afterlife

Death and the Afterlife

死亡與來世

—— 從火化到量子復活的編年史 ——

CLIFFORD A. PICKOVER

柯利弗德・皮寇弗 著

李之年 譯

「人生不可能僅如漂浮浪尖的泡沫，被永恆浪潮推起後，一瞬間便破滅，沒入虛無……在某個國度，彩虹永遠不會消逝，放眼望去星斗滿天，猶如散落汪洋上的沉睡島嶼，現下如影即逝的美麗生物，將長伴左右。」

——喬治·普倫蒂斯（George D. Prentice），〈心碎之人〉（The Broken-Hearted），《鄉村紳士雜誌》（*The Country Gentleman*）（第四期，1854）

「在一片混沌的宇宙中，生命會探出風的律動，自尋出路。萬物終將一死，但遵循天道規律，生命便能穿越時間泥沼，找到立足之地。有光就有影，有冷就有熱、磁場交替、輻射循環、引力運行，周而復始指點迷津，生命也能明察秋毫，適時因應……盈盈月光灑落，海底鬃蠕蟲便開始繁衍……天地萬物息息相關。我們受著宇宙暗示，適時吐息流血，適時歡笑哭泣，適時倒下死亡。」

——萊爾·華森（Lyall Watson），《超自然》（*Supernature*, 1973）

「蒼白的死亡匍匐在人們誤稱為生命的事物間：草葉綠意盎然、清香芬芳，全因墳土滋潤。肉身如偶屍抽蓄踉蹌，地獄昂首闊步，笑看人間。」

——史蒂芬·唐納森（S. R. Donaldson），《混世禍根》（*Lord Foul's Bane*, 1977）

「生命有如夾在兩座寒冷荒蕪的不朽山峰狹縫間的谷地。我們掙扎著想眺望山的另一頭，卻徒勞無功；放聲哭喊，卻只聽見自己的嗚咽回音。死亡緘默無語，不作任何答覆，但在死亡暗夜中，希望看見了星光，側耳傾聽愛，可聽見窸窣振翅聲。」

——羅伯特·英格索（Robert Ingersoll）（於其弟墳前朗誦的悼詞，1897年）

目錄

序言

「死亡並非撲滅光明，是因天已破曉，而將燈滅熄。」
——泰戈爾，引自《東方的訊息》（*Message of the East*, 1947）

死亡的本質及神祕，自古以來令藝術家、科學家、哲學家、醫師、神學家醉心不已。歷代偉大的藝術、建築、文學作品層出不窮，其中與死亡相關的符號和傳說無所不在，催生了我們的喪葬習俗，影響了我們對身後事的安排。人類對死亡與來世的熱衷，也反映在大眾文化。電影和書籍中，瀕死經驗、來世、死而復生的怪物等令人毛骨悚然的超自然題材時而可見。不少題材歷史悠久，可溯及夙昔，當時人們篤信奇蹟，與大自然關係緊密，認為身旁圍繞著肉眼看不見的靈體。

歡迎來到《死亡與來世》大開眼界。本書主題琳琅滿目，這頁講述陰森可怕或傷感催淚的故事，下一頁可能就探討起宇宙萬千、轉瞬即逝的話題。有哪本書會同時記載維京船葬和量子永生（意指人或許能藉次原子物理學而長生不死）呢？楚門·卡坡提的《草豎琴》讓讀者在風吹草動中聽見死者呢喃。探討《草豎琴》的奇妙，又提及在強化過的錄音帶背景雜訊中可聽見故人低語的超自然電子噪音現象的書，實在屈指可數。

本書每篇都很短，只有寥寥幾段，讀者可免受廢話連篇折磨，一下子就能浸淫其中。想了解馬雅死神和他們的眼球項鍊嗎？那就翻到令人心驚膽跳的席巴巴篇一睹為快吧。泥人和兵馬俑是否會出現意識，與生者互動呢？趕緊展頁一覽這些謎樣「生物」的簡介吧。

鬼臉天蛾和斷頭台令你寒毛直豎嗎？二次世界大戰的神風特攻隊究竟為何赴湯蹈火？比弗羅斯特、夏日樂園、超人類主義是什麼玩意？東地中海區的古納圖芬人如何改變了我們的世界？伊麗莎白·庫伯勒·羅斯、隱多珥女巫、卡洛斯·斯瓦伯是何方神聖？為何歐洲瘟疫醫生要打扮怪異，戴著嚇人的鳥喙面具？醫師是如何判定死亡時間？安樂死合乎道德嗎？接下來，我們將一一探討這些發人省思的問題。

當然，這樣的編排也有不足之處，簡短段落無法深入探討主題，不過本書附有註解及參考資料，有興趣的讀者可自行參閱。書中有時我會引述作家或著名研究者的話，為求排版簡潔，在此並未列明出處，但想進一步了解的讀者可參考附錄。

一直以來，我都對死亡、臨終、意識、來世等游移科學邊界的議題心神嚮往。讀了葛麗泰·克莉斯汀娜（Greta Christina）在2005年寫的文章〈閒聊死亡不扯上帝〉（Comforting Thoughts about Death That Have Nothing to Do with God）後，興趣更是死灰復燃。葛麗泰寫道：「宇宙浩瀚無窮，人生短暫有如滄海一粟。極有可能你死後就永遠消失，過了五百年沒人會記得你……恍然大悟的你，或許感覺自己被抹煞，了無生趣，人生猶如掌中灰燼。」讀到這裡我嘆了口氣。葛麗泰承認自己對死後之事一無所知，卻覺得如此重大之謎無關緊要。她提醒我們應該過得開心點，光是有幸活著就很了不起了。我們有幸具有意識：「我們有幸能和彼此、和世界聯繫，對此自己心裡也有數，卻仍不以為然，白白蹉跎數年光陰。」文末，她還一一列舉讓她快樂的事物，像是莎士比亞、性愛、香料雞、泰式餐廳、路易斯·阿姆斯壯、雲層流動變化等。

讀《死亡與來世》時，請記得有些關於死亡的看法和儀式雖不符科學，但仍值得探討。書中探討的主題也不全然令人沮喪。我們可藉由迷人的儀式及神話，來了解人類的同理心和創造力，也可藉此探索各地文化，了解其忌諱。

我們的大腦可能天生就渴求魔法及看不見的力量，亟需掌控乾坤、實現夢想。或許幾經大腦演化、文明發展至今，我們為了凝聚社群向心力，在親人和自己臨終時從容面對，才會如此輕易相信靈魂、幽靈及來世。我們對死亡著迷不已，祭出儀式來理解死亡，乃出於天性使然。死亡、宗教、神話、來世介於已知與未知邊緣，橫跨心理學、歷史學、哲學、生物學等多種科學領域。人類必須了解這個世界，也會一直以邏輯思維或玄學角度鑽研下去。隨著二十一世紀持續進展，我們能否抽絲剝繭、找出一點蛛絲馬跡來解謎？未來將又如何處理死亡，或逃避死亡？

「死亡拆毀肉身，猶如大樓蓋起完工後拆毀鷹架。人生告一段落後，骨架傾頹、肉身坍塌，歡欣解放。」

——托爾斯泰，《哲思箴言錄》（*Thoughts and Aphorisms*, 1905）

本書架構及目的

我為了以能在幾分鐘內消化的短篇，將涉及死亡與來世有趣、神祕又重要實用的觀點介紹給普羅大眾，才寫下《死亡與來世》一書。書中主題多元廣泛，涵括哲學、大眾文化、科學、社會學、藝術、宗教領域。本書收錄的篇章乃依筆者個人喜好選取。例如年輕時，我曾是作家洛夫克拉夫特和愛倫·坡、畫家雨果·辛貝格和卡洛斯·斯瓦伯的愛好者。多年來我努力在科學及文化領域多方涉獵，但仍有未盡之處。本書並非無所不包，也非學術論文，只不過是閒暇讀物而已。為了避免寫成厚重的磚頭書，我必須有所取捨，無法涵蓋所有與死亡相關的科學、歷史、文化觀點，但我相信自己已收錄不少具歷史文化價值，或可對科學及社會發展略盡綿薄之力的篇章。筆者滿腹熱忱、孜孜不倦寫成此書，也不會就此停筆，歡迎讀者不吝指教。

本書依照事件時間順序編排各篇，但僅憑己見著手大不易，有時還得向同事和其他有智之士討教，來決定重要概念的年代。我儘量會至少說明一下為何如此編年。

美國心理學家、神經科學家史蒂芬·科斯林（Stephen Kosslyn）說得好，「你的心智不只來自你的大腦，還有其他人的大腦。」他說所有人都會建立「社會機械體系」（SPSs），仰賴他人來「擴展思考能力，調節情緒，積極運作情感」。婚姻和諧通常是因為夫婦能有效作彼此的「社會機械體系」互相扶持。這也算是我們將自己大腦的一部分「出借」給他人。科斯林認為心智是自己的大腦和周遭社會機械體系的大腦共同運作的成果。由此推論，「可以說肉身死亡後，一部分心智能倖存下來。」

隨著年齡增長，我們身上的分子也不斷跟周遭環境交流。每次呼吸都會吸入無數由地球另一端的人在幾週前呼出的空氣原子。更進一步去想的話，我們的大腦及器官正「消失」空中，細胞重生和死亡的速度一樣快。一兩年後，我們現在身上的原子就會被新原子取代。我們是一團交織在時空中、不斷翻騰攪和的原子和分子。

以分子層次來看，幾年前你的大腦跟你現在的大腦相差甚遠是什麼意思？若你不是由一群原子組成，那你是什麼玩意？原子排列方式造就了你這個人。人類是時空不斷糾葛生成的產物。你體內搞不好有拿撒勒的耶穌的原子流竄。統治烏魯克城（Uruk）的吉爾伽美什王可能是你大腦、肌腱或心臟的一部分。你視網膜的一顆原子或許曾存在於百年前快樂的月公主淚水中。英國詩人約翰·多恩（John Donne, 1572-1631）對此有感而發，寫下〈沉思第十七篇〉（Meditation XVII）（《祈禱文集》（*Devotions upon Emergent Occasions*, 1624）：

> 「沒有人是孤島，能自成一方。
> 人人都是一片壤，隸屬本土大陸。
> 哪怕是一塊土地，
> 哪怕是一方海角，
> 哪怕是一座莊園，
> 他宅也好，自宅也好，
> 一經海水沖走，歐陸必遭減小。
> 任何人的死亡，都是我的損失。
> 身為人類一分子，我與之共生共存。
> 別問喪鐘為誰響起，鐘聲是為你而鳴。」

火化

魯道夫·弗爾巴（Rudolf Vrba, 1924-2006）、
艾弗瑞德·維茲勒（Alfred Wetzler, 1918-1988）

想像納粹大屠殺當時，有兩座巨大駭人的焚化場，日以繼夜燃著熊熊烈焰，燒盡無數屍身。根據1944年的「弗爾巴–維茲勒報告」（Vrba-Wetzler Report）記載，一根碩大的煙囪從焚化室探出高聳，四周圍著九座焚化爐，每座焚化爐有四個開口。「每個開口一次可容下三具普通大小的屍體，不消一小時半便可處理完畢。每日約可燒兩千具屍體……」今日，為遵循《聖經》及猶太法典《塔木德》訓誡，正統派猶太教（Orthodox Judaism）一般禁止火化（在火葬或葬禮後的儀式中燒屍體）。然而，由於擺脫不了納粹大屠殺的陰霾，就連有些不信教的猶太人也對火葬卻步。

現代火葬場常以電腦控制，死者遺骨並不會化作灰燼，而是燒成殘片，再以機械研磨成狀似粗沙的粉。進行研磨步驟前，像鈦合金人工髖關節或棺材鉸鏈那樣較大的物品必須先取走。骨灰可放入罈中，安置在靈骨塔內（一座特殊紀念館），或埋起，或撒入大地海洋。現在還有人提供以火箭將一部分骨灰送至外太空的服務。

在佛教、印度教、耆那教、錫克教，火化隨處可見。印度常在室外進行火化——例如在恆河河畔搭起火葬堆。相較之下，東正教及伊斯蘭教則嚴禁火化。從史實來看，基督教徒通常不贊成火化，但今日許多教派認為倒無傷大雅。

縱觀歷史，火化至少可追溯至西元前20,000年，澳洲遠古居民「芒果女士」遺骨的時代。科學家從她遺骨上的焦痕研判，當時的人先是燒她的屍身，將骸骨壓碎後再燒一次，可能是為防止她作祟，後來又以紅赭土覆蓋其上。古埃及人不愛火化，偏好保存屍體以助亡者前往來世。古希臘詩人荷馬（Homer）曾描述最早的火化場景之一，古羅馬人則會對最受人敬重的公民進行火葬。

另可參考：木乃伊（約西元前5050年），天葬（1328年），解剖（1761年），墓園（1831年），屍體防腐術（1867年）

峇里島烏布（Ubud）火化儀式（Ngaben）中的熊熊火焰。峇里島印度人死後，屍體常先埋葬一陣子，等良辰吉日一到，就將屍體放入水牛形狀的石棺或以混凝紙漿製成的寺廟模型中，運到火葬場火化。當地人相信靈魂浴火即解放，進入輪迴轉世。

納圖芬陪葬花

「納圖芬人（Natufians）顛覆了一切，」以色列考古學家丹尼爾·納戴爾（Daniel Nadel）談論納圖芬人的墓園及陪葬花時如此說道。納圖芬人在約西元前12,500年至9500年間，居住於地中海東部的黎凡特區（Levant）。2013年，在石器時代的納圖芬墳墓掘出了鮮豔芬芳的花朵遺跡。

最早定居下來的納圖芬人可說是農業生活的始祖，遺留下幾處距今所知最早的墓園。納戴爾博士表示，在納圖芬人出現之前可能有單人墓地，但有些納圖芬遺址中，光是一座墓穴就埋著逾一百具骨骸。

以色列北部迦密山（Mount Carmel）的拉奇菲特洞穴（Raqefet Cave）掘出四座花朵圍繞的墓穴，時間可追溯至西元前11,000年。考古學家還發現了疑似鼠尾草、玄參、薄荷莖的花草壓痕。從這些花朵研判，納戴爾認為「納圖芬人大費周章、有條不紊地打理墳墓，無論是在社會還是精神層面皆極具意涵，反映出在更新世（Pleistocene）歷經巨變的複雜農業前社會」。另有考古學家在一座位於伊拉克的尼安德塔人墳墓中發現了陪葬花花粉，墳墓的年代約七萬年前，相較之下更為久遠。但科學家推測應該是老鼠將種子和花朵叼來這座古墳。

考古學家也發現納圖芬人會在葬禮中設宴慶祝，由此也可看出社群對死者的特別待遇。例如，在一座出土的納圖芬女子墓穴中，埋著數只發黑的陸龜殼，應是有人將陸龜帶來此處，在葬禮宴會上大快朵頤。有些納圖芬墳墓會以中空石「笛」標示作為墓碑。在納圖芬文化晚期，有時骷髏會先移走，因此頭蓋骨會在其他貯藏所或民家中掘出。

另可參考：墳墩（約西元前4000年），墓碑（約西元前1600 BCE），送葬隊伍（約1590年），墓園（1831年）

納圖芬墳墓中的遺骸，於迦密山的拉奇菲特洞穴掘出（丹尼爾．納戴爾攝）。

木乃伊

C. 5050 BCE

數千年來，人類一直對死後屍身腐化擔憂不已，導致許多文化採取了因應措施來防止腐朽。世人對死亡與來世的未雨綢繆簡直走火入魔，裹著亞麻布的埃及木乃伊就是最為人所知的一例。然而，木乃伊一詞的定義廣泛，舉凡因冰凍、沉入沼澤而意外形成的屍體，或以化學藥物及乾燥劑刻意保存的屍體，都可稱作木乃伊。史上最早的人工木乃伊是一名來自南美新克羅（Chinchorro）文明的小孩，時約西元前5050年，比埃及木乃伊還要早上數百年。新克羅人製作木乃伊的方法有好幾種，其中之一是先切除頭部、雙手及雙腿，將內臟挖出後，再將四肢和頭部接回軀幹。有時會以枝條固定強化屍身，或拿泥巴覆蓋再捏成人形模樣。由於這些木乃伊身上常會重塗顏料，樣子也磨損不堪，據說可能曾作為居家擺飾。

在木乃伊製作過程中，埃及人大都會先從鼻孔將大腦勾出，其他器官多半也會取出，僅留下心臟，體液則以自然鹽類泡鹼移除。中世紀的古人會以木乃伊屍粉來治療疾病，近代甚至也曾見其入藥。

自然形成的木乃伊也不少見，像是在冰天雪地的阿爾卑斯山脈（Alps）發現的冰人奧茲（Otzi the Iceman），起源可追溯至西元前3,300年左右。在北歐有苔蘚等死掉植物的泥炭沼澤中也曾發現木乃伊，形成條件通常水質呈酸性，溫度低，氧氣濃度也低。今日的塑化技術則以塑化劑取代體液及脂肪來保存屍體。

另可參考：火化（約西元前20,000年），《埃及死者之書》（約西元前1550年），兵馬俑（約西元前210年），天葬（1328年），屍體防腐術（1867年），死亡面具（約1888年），人體冷凍技術（1962年）

前酋長木乃伊，在西巴布亞巴列姆河谷（West Papua's Baliem Valley）的村落小屋中發現。

墳墩

湯瑪斯·傑佛遜(Thomas Jefferson, 1743 - 1826)

波瀾壯闊的英文史詩《貝武夫》(*Beowulf*)(可能於八世紀寫成)結局是英雄貝武夫之死,臨死前,他還悲戚地指示部下處理身後事:「火化後,教英勇驍戰的戰士們堆起顯目墳墩……高聳如塔……以紀念我族。日後從遠處迷霧汪洋中乘船而來的水手,將稱此處為貝武夫之墳。」

自古以來,以泥土或石頭堆成的墳墩(又稱作古墳、丘塚、陵墓)常見於世界各地許多文化。例如,從新石器時代(約西元前4000年)到前基督教時代(約600年),英國都以墳墩安葬死者,墳中埋有數位家族或部落成員。在古墳時代(Tumulus Period,三至六世紀)的日本,重要的統治者會埋在墳丘中,十四世紀仁德天皇之墓是歷代數一數二雄偉的陵墓(長一千五百九十四英尺〔四百八十五公尺〕,一百一十五英尺〔三十五公尺〕)。有些日式墳塚狀似鑰匙孔,四周壕溝環繞。約西元前1000年至西元700年間,建蓋墳墩是密西西比河、田納西河、俄亥俄河沿岸印第安人文化重要的一環 。

美國建國之父湯瑪斯·傑佛遜提到他在維吉尼亞州掘出的印第安墳墩:「墳墩呈球體狀,底部直徑約四十英尺,高度約十二英尺……我先是在淺處挖掘,在地底六英寸至三英尺間,找到了幾根人骨。擺放位置有的直立、有的傾斜、有的平放,教人摸不著頭緒……看起來似乎是隨意把骨頭從袋籃倒出,再覆上土壤,絲毫不在意是否擺放整齊。」他推測這座墳墩中可能埋有「一千具骨骸」。

另可參考:納圖芬陪葬花(約西元前11,000年),棺材(約西元前4000年),藏骨堂(約西元前1000年),兵馬俑(約西元前210年),維京船葬(834年),墓園(1831年)

現代土耳其內姆魯特山(Mount Nemrut)東部日出景致,雕像林立,還有一座碎石堆成的丘塚,此為科馬基尼王國國王安條克一世(King Antiochus I of Commagene)的陵墓。

棺材

C. 4000 BCE

在著名美國西部民謠〈牛仔悲歌〉(Cowboy's Lament)中，一名垂死的牛仔求人幫他「找六名快活的牛仔來抬棺。找六名美少女來蓋上柩衣。在我棺材上放滿玫瑰花束，好隔絕泥土落下的聲音」。棺材一詞用途頗廣，只要是喪葬用的箱狀容器，皆可冠上此名。然而在北美，棺材通常用來指六邊形(包含頂部和底部)的箱子，而靈柩指的是僅有四邊的長方箱。在西方，棺材一般都是木製，由村鎮的木匠打造，但現今鋼鐵、木材、玻璃纖維都是常見的原料。

棺材源自希臘文kophinos，意思是「籃子」。事實上，在西元前4000年左右，蘇美人曾將死者放入以細枝編成的籃子中。古埃及人則以從木箱演變而來、狀似人體、美輪美奐的棺匣作為木乃伊柩。有時木乃伊柩還像俄羅斯娃娃一樣，棺中有棺，自成一組。埃及人也會使用由岩石雕刻而成的石棺來裝納遺體。

今日的迦南出現了一種根據死者生前事蹟來設計棺材形狀、作雕飾的逸美幻柩，在當地蔚為風行。人類學家馬琳·德·維特(Marleen de Witte)曾說：「種植可可豆的農夫會以可可豆夾棺安葬，工夫了得的漁夫會以魚棺安葬，國際商人則以飛機形狀的棺材安葬……。」

1800年代，過早埋葬的意外頻傳，造成人心惶惶，為安撫人心，有人便發明了「安全棺材」並取得專利。有些安全棺材附有空氣流通的管子，另以繩子綁在死者手上，可搖響地上鈴鐺。一具在1897年取得專利的安全棺材裡頭有球置於屍體胸前，一有任何動靜就會觸動彈簧，立起地上的旗子。但這些設計並不太實用，對屍體腐化過程中出現的小動作也過於靈敏。

另可參考：火化(約西元前20,000年)，墳墩(約西元前4000年)，送葬隊伍(約1590年)，過早埋葬(1844年)

《老牧羊人喪禮的執紼者》(*The Old Shepherd's Chief Mourner*, 1837)，由英國畫家愛得溫·亨利·蘭德斯爾爵士(Sir Edwin Henry Landseer)所作。畫中一隻狗頭倚在死去的主人的棺木上。

天堂

葛安妮(Anne Graham, 1948-)

「天堂存在嗎?」歷史學教授蓋瑞·史密斯問道。「古巴比倫人、古埃及人、古希臘人、古羅馬人都曾描述過來世的生活。來世是英雄安息之所,是法老的殿堂,也是善人郊遊的極樂淨土。澳洲原住民、早期玻里尼西亞人、秘魯人、墨西哥人、印第安人皆有來世的觀念。」數千年以來,人類都一直仰望著蒼穹,遙想天上諸神。

天堂可以是天神或天使居住的國度,也可以是善人死後的歸屬。美國福音派基督教徒葛安妮認為,天堂實實在在存在於世上:那是一座邊長一千五百英里(兩千四百一十四公里)的立方體,基底「幅員廣闊,面積約如從加拿大至墨西哥、從大西洋至洛磯山脈那樣遼闊」,可輕鬆容納兩百億居民,每個人都有七十五英畝大的私人立方體。

在古埃及約西元前2400年「金字塔文」出現的時代,又稱「蘆葦平原」(Field of Reeds)的雅廬(Aaru)是死者能永恆安居的天國。昔日希伯來人並未特別強調死後有來世,在歷經巴比倫之囚的苦難折磨時,猶太人才逐漸嚮往起來世——在世時人生不公平,或許能在來世討回公道。對佛教徒而言,天堂有好幾個,但都只是暫時的驛站,最終目的地是達到極樂境界(涅槃)。對印度教徒來說,天堂亦不過是跟肉身有關的過渡期,而非最終目標。根據基督教聖經教義,天堂與上帝寶座息息相關,信徒可藉由神的恩典上天堂。而伊斯蘭教中的天堂有時會實現人的俗世心願,像是穿戴華服,大啖美酒佳餚,伊斯蘭經文也提到天堂有分幾個層級。中美洲及玻里尼西亞各地亦相信天堂分層之說。

另可參考:極樂淨土(約西元前850年),輪迴轉世(約西元前600年),地獄(約西元前400年),席巴巴(約西元前100年),天使(380年),比弗羅斯特(約1220年),夏日樂園(1845年),《死之花園》(1896年)

《聖母升天圖》(*The Assumption of the Virgin*, 1896),由義大利畫家法蘭西斯可·玻提契尼(Francesco Botticini, 1446-1497)所作。畫中描繪三階九級天使,最上層最靠近耶穌和馬利亞的是熾天使、智天使和上帝寶座。

吉爾伽美什史詩

(The Epic of Gilgamesh)

《吉爾伽美什史詩》是史冊記載最古老的英雄史詩之一，比《伊利亞德》(*Iliad*)及《聖經》的年代還要早上一千年。原作以蘇美語寫成，以楔形文字記錄在泥板上，可溯及西元前2000年左右。美索不達米亞人認為來世宛如現世的蒼蒼幽影，類似《舊約聖經》記載的古猶太陰間。

《吉爾伽美什史詩》描述來世是「一座暗室，眾人蹲踞在一片漆黑中；以塵為食，以土為肉。身披鳥羽，以翅蔽體；伸手不見五指，在幽暗中伏坐」。吉爾伽美什王不甘屈就如此陰鬱的來世，決定啟程找尋長生不死的祕方。他經長途跋涉，抵達世界邊境，彷彿來到彼世境外。他還攀上掌管日出日落的摩周山(Mount Mashu)，「山巒巍峨，腹地綿延至陰曹地府。」途中有兩隻巨蠍盤踞擋路，告訴他沒有人曾千里迢迢來到此地，但最後巨蠍還是讓步，允許他踏入「夜之國度」。

通過漫長的隧道後，吉爾伽美什來到一座璀璨花園，花園中每棵樹上都長滿珍貴的金銀珠寶。在這座宛如天界的國度中，四處可見繽紛的紅玉髓、高大的青金石樹、珠寶及珊瑚樹叢，吉爾伽美什看得眼花繚亂、嘆為觀止。作家史蒂芬·米契爾(Stephen Mitchell)稱這趟旅程「象徵著死亡與重生，他穿越幽暗冥府，來到如《一千零一夜》般燦爛的諸神花園」。接著，吉爾伽美什來到另一處黑暗場所，孤舟橫渡死亡水域。

最後吉爾伽美什終於得到吃了就能長生不死的藥草，不幸的是藥草被巨蛇偷走、一口吞下，他終究無法掙脫凡人之軀，讀到此處不禁令人聯想起《舊約聖經》中亞當與夏娃受巨蛇誘惑吃下禁果，遭永遠逐出樂園的故事。

另可參考：《埃及死者之書》(約西元前1550年)，《西藏度亡經》(約780年)，《死之花園》(1896年)，超人類主義(1957年)

「夜魔女」(約西元前1,800年)是美索不達米亞女神伊絲塔(Ishtar)的赤陶浮雕。伊絲塔向吉爾伽美什獻殷勤卻遭拒，一氣之下派出天國公牛去懲罰他，公牛卻反倒被殺死。

死刑

漢摩拉比（Hammurabi, c.1792-1750 BCE）．摩西．本．邁蒙（邁蒙尼德）（Mosheh Ben Maimon ［Maimonides］, 1135-1204）．切薩雷．貝卡里亞（Cesare, Marquis of Beccaria-Bonesana, 1738-1794）

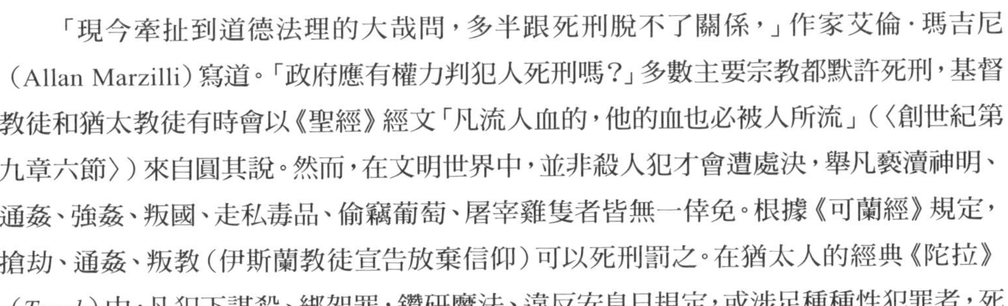

C. 1772 BCE

「現今牽扯到道德法理的大哉問，多半跟死刑脫不了關係，」作家艾倫．瑪吉尼（Allan Marzilli）寫道。「政府應有權力判犯人死刑嗎？」多數主要宗教都默許死刑，基督教徒和猶太教徒有時會以《聖經》經文「凡流人血的，他的血也必被人所流」（〈創世紀第九章六節〉）來自圓其說。然而，在文明世界中，並非殺人犯才會遭處決，舉凡褻瀆神明、通姦、強姦、叛國、走私毒品、偷竊葡萄、屠宰雞隻者皆無一倖免。根據《可蘭經》規定，搶劫、通姦、叛教（伊斯蘭教徒宣告放棄信仰）可以死刑罰之。在猶太人的經典《陀拉》（*Torah*）中，凡犯下謀殺、綁架罪，鑽研魔法、違反安息日規定，或涉足種種性犯罪者，死刑算罪有應得。

從古迄今都有人認為死刑不但殘忍，也起不了遏阻犯罪的作用。義大利法學家、政治家切薩雷．貝卡里亞在著作《論罪與罰》（*On Crimes and Punishment*, 1764）中，對死刑及伴隨而來的酷刑大加撻伐。猶太學者邁蒙尼德認為：「赦免一千個罪人，總好過剝奪一名無辜之人的性命。」

近年來，各種與絞刑相比較為人道的處決設施一一問世，像是斷頭台、電椅、毒氣室、注射毒針等。第二次世界大戰以來，各國政府多半逐漸傾向廢除死刑。

西元前1772年，巴比倫的漢摩拉比法典羅列出需判處死刑的二十五項罪行（如通姦罪），不過令人匪夷所思的是，謀殺及叛國罪這類的重大刑案卻未列入。自漢摩拉比法典以來，處決方式琳琅滿目、極端激烈，包括石刑、十字架刑、活活燒死，以及「分屍」：砍斷犯人四肢和軀幹，有時會以五馬分屍。在古羅馬，犯下弒親大罪的犯人會被裝入麻袋，扔進水底，袋中還有活生生的狗、公雞、毒蛇、猴子。

另可參考：斷頭台（1792年），迪索畫筆下的耶穌受難日（約1890年），電椅（1890年），種族大屠殺（1944年），行刑隊（1980年）

這幅在德國聖委南爵教會（St. Venantius Church）的壁畫，描繪了在251年左右用來處決委南爵的獅子。據基督教教義記載，委南爵是羅馬皇帝德西烏斯（Trajan Decius）統治時期的青少年殉教者。

墓碑

墳墓基石又稱墓碑或墓石，因種類繁多，本篇僅能就墓碑沿革中的一小部分探討。墓碑是伊斯蘭教、猶太教及基督教葬禮中不可或缺之物，碑石通常會寫上長眠地底死者的姓名、生辰及死亡年月日。

邁錫尼文明時期（Mycenaean period, c.1600-1100BCE）的克里特島（Grecian）偶爾可見石碑及其他石板做成的墓石，後來人們才開始注重墓石擺放的方向。例如，西班牙殖民地的墓園跟許多歐洲及北美的墓園一樣，墓碑朝日出方向擺放，埋葬其下的死者才能準備好迎來最後審判日。而穆斯林的墓碑則和朝拜方向（Qibla）（如麥加的方向）相互垂直，長眠墓地的死者未裝入棺材，躺臥右側，面向朝拜方向。伊斯蘭墓碑樣式簡樸，與其他宗教的墓石相比較為小巧。

新英格蘭殖民地流行在石碑上刻令人毛骨悚然的裝飾，像是長著翅膀的死神頭像，此風格的墓園藝術在1600年代中期興起。有些墓石在上方處還會開個小洞，作為死者進入來世的入口。

隨著時光荏苒，獨具匠心的碑文也出現在各種墓石上。例如莎士比亞的墓碑刻著一句話，譯成現代英文是：「護此石者佑之，盜吾骨者咒之。」相較於前幾世紀，現今美國墓園則顯得有點死板樸素。史丹佛大學教授基斯·艾格納（Keith Eggener）提到：「十九世紀墓園中的墓碑上常有哭泣的天使、垂柳及沉睡的孩童雕像，可見當時的人對死亡習以為常，認為逝者不過是安眠而已，因此墳墓常做成床或房屋的模樣，作為人的最終居所。」

另可參考：火化（約西元前20,000年），棺材（約西元前4000年），墓誌銘（約西元前480年），猙獰的收割者（1424年），送葬隊伍（約1590年），掘墓人（1651年），墓園（1831年）

猶太墓碑，上頭刻著仁義（「慈善」）箱，墓碑位於波蘭奧特沃茲克（Otwock）。

《埃及死者之書》

c. 1550 BCE

「不只你一人希望能有本指南領人上天堂，無論此生如何為非作歹皆可一筆勾銷，」蘿拉·艾索普（Laura Allsop）寫道。「實際上，異常渴求永生的古埃及人，為能快速通過冥府抵達天國，還寫下了集各式咒文之大成的《埃及死者之書》。」

《埃及死者之書》是本古老的典籍，從西元前1550年（或更早）到西元前50年在埃及廣為所用。但有趣的是，單一一本《死者之書》並不存在，形形色色的魔法及宗教資料散見於各種古代文獻。《埃及死者之書》是由象形文字及僧侶體（草書）寫成，並附描繪前往來世之途的插圖。其中一幅赫赫有名的插圖，畫的是真理及正義女神瑪特（Maat）以天平替死者的心臟秤重。若心臟和羽毛同重，死者便可前往來世，否則將遭有著獅子上身、河馬下身及鱷魚頭的女惡魔阿米特（Ammit）一口吞噬。

《埃及死者之書》常被放置於死者的棺材或墓室中。現今書中為人所知的咒文約有一百九十二則。一則咒文用以確保死者勿忘其名，其餘咒文則有助安撫蟄伏於前往來世途中的凶險怪物。原本書中的咒文僅為皇室貴族所用，後來才漸漸普及平民百姓。

埃及古物學者米里亞姆·里希特姆（Miriam Lichtheim）曾言：「沒有其他古文明國像古埃及這樣，為戰勝死亡贏得永生無所不用其極……在其眼中永生無比宏偉：死者將成仙，天神常伴左右。」

另可參考：木乃伊（約西元前5050年），《吉爾伽美什史詩》（約西元前2000年），《西藏度亡經》（約西元780年）

《埃及死者之書》中所描述的「開口」，是為了讓死者在來世飲食無礙的古埃及儀式。在這張於西元前1300年左右製成的紙莎草紙上，長著胡狼頭的阿努比斯（Anubis）正扶著書記官胡奈佛（Hunefer）的木乃伊，三名祭司則在施行儀式。

閻魔

東亞死神眾多，其中就屬閻魔(Yama)最為聲名遠播。源於古印度的吠陀經曾提及閻魔，其傳說也深深影響了佛教，最後散播至亞洲各地，化身不同樣貌見於佛教、中國、韓國、西藏、日本神話中。

根據吠陀教義，閻魔是第一位死去的凡人。例如，在梨俱吠陀（Rigveda）梵歌集（約西元前1100年作成）中，受契特拉古波塔（Chitragupta）所助的閻魔是第一位造訪來世國度的人。契特拉古波塔為記錄世人生前所作所為的印度神祇，藉此記錄來決定死者要投胎成高階還是低階生物。在印度教中，閻魔有兩頭四眼犬作為保鏢。令人望之生畏的神祇閻魔的形象通常是藍皮膚，騎著水牛，手持繩套將死者魂魄從屍身上拉起。閻魔統治著那落迦（Naraka），此地為臨時地獄或煉獄，靈魂在此受淨化後前往其他領域，像是上臨時天堂斯瓦迦（Swarga）、回人間或下七大地獄之一。根據許多大乘佛教（Mahayana Buddhism）流派沿用的寶典《阿毗達磨俱舍論》（*Abhidharma-kosa*）記載，閻魔居住在陽世下方的餓鬼國度薜荔多界（preta-loka）。

許多文化及宗教皆可見各種死神或死者之王。古埃及有掌管來世的冥王歐西里斯（Osiris），希臘人則有黑帝斯及塔納托斯。美索不達米亞人有死者國度的女神埃列什基伽勒（Ereshkigal），阿茲提克人有冥界之神米克特蘭堤庫特里（Mictlantecuhtli）。巴羅斯提爾（Barastyr）在高加索地區（Caucasus）奧賽提亞人（Ossetian）的神話中，是君臨地府的冥王，而伽南人（Canaanites）的死神則為莫特（Mot）。在北歐神話中，海珥（Hel）是棲居冥府的女神。

另可參考：黑帝斯（約西元前850年），塔納托斯（約西元前700年），地獄（約西元前400年），席巴巴（約西元前100年），猙獰的收割者（1424年），斯瓦伯的《掘墓人之死》（1895年）

《死神終結者文殊閻魔》（*Yamantaka, the Destroyer of the God of Death*）是一幅十八世紀初的西藏布畫。仔細一瞧，可見文殊閻魔被三個閻魔包圍，一在上二在下，顏色各個有別。

隱多珥女巫

掃羅（Saul, c.1,079-1,007 BCE）

根據作家克里斯汀·戴依（Christian Day）所言：「在史冊、民間故事、傳說、文學中出現過的偉大女巫，多跟亡魂打過交道。這等駭然人物已成世界各地文化傳統的一部分，令人又敬又畏……其中最著名的招魂師便屬隱多珥（Endor）女巫，當時當局對巫術之流極盡打壓，她卻毫無所懼，依然故我大行其術。」

c. 1007 BCE

在《舊約聖經》〈撒母耳記〉（First Book of Samuel）中，以色列聯合王國第一代國王掃羅曾禁止人民施行通靈術（招魂問卜），但與非利士人（Philistines）開戰之際迫在眉睫，心急如焚的掃羅按捺不住，罔顧法令請了隱多珥女巫招來先知撒母耳的魂魄。撒母耳現身後問：「汝何以擾吾？何以喚吾上來？（〈撒母耳記〉二十八章十五節）」先知亡魂又告訴掃羅，「明日汝與汝子將長伴吾畔。」女巫心生惻隱，給了掃羅食物，但他過不久就自殺身亡，大軍也戰敗。

有些學者認為撒母耳的亡魂其實是魔鬼化身而成，或是女巫的幻術，為此幾世紀以來眾人爭論不休。從撒母耳口中的「喚吾上來」可看出希伯來人死後的住所（名為陰間）位於地底下。而他所警告的「汝與汝子將長伴吾畔」，則代表所有死者，是善也好惡也好，都居住在陰間，此處《聖經》裡常譯作「黑帝斯」（Hades），也就是古希臘人的亡靈國度。

宗教學助理教授韋依（T. J. Way）說：「隱多珥女巫以及她與掃羅王相遇的軼事算是聖經裡鮮為人知的故事，訴說人從恐懼絕望到走投無路的歷程，但也不乏慈悲、憐憫及勇氣。不少現代讀者見聖經居然提到女巫的故事，感到訝異不已。」

另可參考：黑帝斯（約西元前850年），招魂術（約西元前850年），自殺（約西元前300年），幽靈（約西元100年），降靈會（1848年）

《受掃羅召喚而來的撒母耳亡魂》（*The Shade of Samuel invoked by Saul,* 1857），由俄國藝術家狄米崔·馬丁諾夫（Dmitri Martynov, 1826-1889）所作。

藏骨堂

「吾等骸骨在此靜候汝骨」，這則譯作英文的沉思警語刻在葡萄牙人骨教堂的門口，教堂裡藏有約五千名僧侶的骷髏及骨骸，相當驚悚。類似警語也曾出現在羅馬嘉布遣會無玷始胎聖母教堂（Our Lady of the Conception of the Capuchins）的匾額上，譯為三種語言，「吾等亦曾為血肉之身，汝等亦終將化為屍骨。」此地的藏骨堂容納著四千名化緣修士的骨骸。這些令人望之喪膽的人骨裝飾，傳達出生命無常的訊息，是告誡人終究難逃一死之作：用來提醒世間人終會死亡腐化的藝術作品。

藏骨堂一詞通常指收納人骨的箱盒或房室，屍體會先安葬他處，待數年後腐化再將骨骸移至藏骨堂。有時僅是因墓園過度擁擠，才以藏骨堂因應，好挪出空間容納新死者。許多富麗堂皇的知名藏骨堂都位於歐洲，像是捷克的賽德萊克人骨教堂（Sedlec Ossuary）裡就有約莫五萬具人骨，有些人骨還被拿來做裝飾，教堂有一盞巨大的人骨水晶燈，據說涵蓋了人體每一塊骨骼。法國杜奥蒙人骨教堂（Douaumont Ossuary）裡頭有逾十三萬名於第一次世界大戰中戰死的法軍及德軍遺骸。

耶路撒冷第二聖殿時期間（the Second Temple in Jerusalem，西元前516年至70年），猶太人的喪葬習俗是先將死者埋在洞穴，再將骨骸移入石盒，置於洞穴壁龕內。波斯拜火教徒會先曝屍在外，讓鳥類啃食腐肉後，再將骨骸埋在藏骨坑中。最早拜火教藏骨坑在中亞出土，可追溯到至少西元前1000年。

另可參考：火化（約西元前20,000年），墳墩（約西元前4000年），棺材（約西元前4000年），天葬（1328年），超人類主義（1996年）

捷克賽德萊克人骨教堂中約有四萬至七萬具骨骸。1870年，木雕師法蘭提賽克．瑞汀（Frantisek Rint）以人骨串成各種裝飾品，包括四盞水晶燈，還以臂骨覆蓋牆面，看來格外怵目驚心。

黑帝斯

希羅多德（Herodotus, c.484-425 BCE）·阿里斯托芬（Aristophanes, c.446-386 BCE）

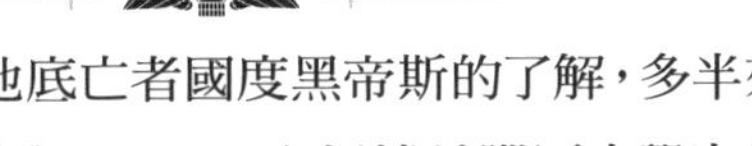

世人對古希臘神話中幽暗的地底亡者國度黑帝斯的了解，多半來自希臘文學，像是荷馬的著作《伊利亞德》及《奧德賽》（*Odyssey*）根據希臘歷史學家希羅多德查證，時約西元前850年），還有阿里斯托芬的《蛙》（*The Frogs*，西元前405年）。這些文學名著不僅反映了黑帝斯在大眾心目中的印象，或許也對地府的形塑功不可沒。由於古希臘社群缺乏中心宗教權威，人民對來世的看法可能跟現在大相逕庭。

對希臘人而言，亡者死後，會坐上卡戎（Charon，黑帝斯的船伕）的船，橫渡兩條冥河怨河（Acheron）及怒河（Styx）進入冥府黑帝斯。由於卡戎會索取一枚小硬幣作渡船費，家屬通常會將硬幣放在死者口中。冥河遙遠的岸邊有地獄三頭看門犬賽伯勒斯看守著。人不分好壞，死後一律會來到黑帝斯。一旦踏入冥府，時空彷彿扭曲般，亡者的容貌及狀態都維持與剛進地府時相同，不會改變。在荷馬《奧德賽》中，阿基里斯曾喚出黑帝斯的駭人魔物，並感嘆寧願替窮人做牛做馬，也不願替主宰亡靈的君王為虎作倀。

在《新約聖經》中，黑帝斯一詞在幾處指的是死者的居所，只有一段將其形容作嚴刑拷打的煉獄（見隱多珥女巫）。對希臘人而言，黑帝斯深淵是深不見底的塔爾塔羅斯（Tartarus），凡觸犯天神者皆遭放逐此地（見地獄）。

黑帝斯也是掌管冥府的希臘神祇的名字。根據文獻記載，能千鈞一髮逃離黑帝斯及臨近之地的人屈指可數。成功者包括海克力斯（Hercules，他將賽伯勒斯拖到人間）、普西芬尼（Persephone，黑帝斯之妻，偶爾會在人世及黑帝斯間往返，創造出四季）、奧菲斯（Orpheus，以絕美樂音迷倒黑帝斯）、薛西弗斯王（King Sisyphus，他稱自己得回人間好好安葬一番）。

另可參考：閻魔（約西元前1100年），隱多珥女巫（約西元前1007年），極樂淨土（約西元前850年），塔納托斯（約西元前700年），賽伯勒斯（約西元前560年），地獄（約西元前400年），席巴巴（約西元前100年），溫蒂妮的詛咒（1962年）

這幅壁畫是義大利畫家盧卡．喬爾丹諾（Luca Giordano, 1632-1705）所作。畫中描繪黑帝斯船伕卡戎載著剛逝世的亡魂橫渡地府冥河。黑帝斯三頭看門犬賽伯勒斯也在其中。

極樂淨土

品達（Pindar, c.522-443 BCE），維吉爾（c.70-19 BCE），
普魯塔克（Lucius Mestrius Plutarchus, or Plutarch）（c.46-120）

古希臘來世的地貌似乎與時俱變，風貌在各個作家筆下也有所不同，但據載，別名極樂世界（Elisium）的極樂淨土是黑帝斯的福地，只有神選者和大善人死後才能居住於此。依希臘詩人荷馬所描述，至福之地極樂淨土位於人間邊境，地處環繞世界的大洋河歐欣納斯河岸（Oceanus，或歐克諾斯[Okeanos]）。在荷馬的《奧德賽》中，極樂世界是一片平原，平原「終年無雪無雨也無暴風雨肆虐，更無從海上狂襲而來的冰寒刺骨西風，為人類安居逸所」。

希臘詩人赫西俄德（Hesiod，約西元前700年）則稱其為「真福島」，島上「穀物豐饒，土壤一年結出三次甜如蜜的果實，又離不死神明極遠」。活躍於西元前500年左右的希臘詩人品達形容此地「善人免於苦勞，無須為求溫飽掘地挖食、舀海取水」。在品達看來，「真福島上海風輕拂，花卉金黃奪目，有些花生於燦木，有些由流水孕育而成。」羅馬詩人維吉爾在《埃涅阿斯記》（*The Aeneid*）中將極樂世界形容為樹叢遍生，滿覆苔蘚的光亮炫目之地，「清澈小溪在草地間潺潺流動」。

最後，希臘歷史學家普魯塔克在一世紀時描寫真福島為「距（非洲）海岸一萬弗隆（一千兩百五十英里）遠」，微風「輕柔，披帶雨露」。土壤肥沃，孕育「豐饒果實，供眾人飽足……居民生活安逸悠閒。……此地為極樂淨土，荷馬所讚頌的有福者之居所」。

另可參考：天堂（約西元前2400年），黑帝斯（約西元前850年），比弗羅斯特（約1220年），夏日樂園（1845年）

《極樂淨土》（1903），由德國象徵派畫家卡洛斯．斯瓦伯所繪。

通靈術

維吉爾（Publius Vergilius Maro or Virgil, 70-19 BCE）．約翰．迪伊（John Dee, 1527-1609）．約翰．納皮爾（John Napier, 1550-1617）．席維雅．布朗（Sylvia Browne, 1936-2013）．泰瑞莎．卡普托（Theresa Caputo, 1966-）．約翰．愛德華（John Edward, 1969-）

若有辦法預知何時死亡，你會選擇知道嗎？占卜是用來預知未來或獲得隱密知識的方法。自古至今，人類為求占卜嘗遍各種手法，從卜夢到藥引，從占星術到神奇八號球（占卜力有限的孩童玩具），無所不用其極。

通靈術是以死者亡靈（有時還會用到其屍體）來占卜未來和問事的法術，曾見於古巴比倫、波斯、希臘、羅馬及北歐等傳說中。例如在北歐古冰島詩集中，奧丁（Odin）（又稱作「尤爾父王」（Yule father））便有使死者復活的能力。狩獵祭（Great Hunt）時，亡者會從墓中返回人間，在奧丁的引領之下飛越天際，因此學者認為北歐異教中的尤爾慶典（Yule）與狩獵祭息息相關。通靈師在中世紀大行其道，其中不乏像數學家約翰．迪伊和約翰．納皮爾之類的名人，但天主教卻視之為「惡靈代言人」。英國在1604年通過巫術法案（Witchcraft Act），禁止施行通靈術。

荷馬的《奧德賽》及維吉爾的《埃涅阿斯記》都是曾提及通靈術的古文學名著，在這兩本著作中，主人公奧德賽和埃涅阿斯皆曾冒著天大風險直闖冥府，向舊識故人討教。舊約聖經中，掃羅王也曾借助隱多珥女巫的通靈術，招喚先知撒母耳問即將開打的戰爭結果。十五世紀的《慕尼黑邪術手冊》（*Munich Manual of Demonic Magic*）提到，古時候的通靈師有時會站在墳場中保護用的魔法陣內，儀式包括朗讀聖經經文、以牲禮獻祭等。現代自稱是靈媒的約翰．愛德華、席維雅．布朗、泰瑞莎．卡普托（又稱「長島靈媒」）則常在電視現身表演所謂的通靈術。

另可參考：隱多珥女巫（約西元前1007年），賽伯勒斯（約西元前560年），噬罪人（1825年），降靈會（1848年），《草豎琴》（1951年），超自然電子噪音現象（1956年）

《芭芭拉．拉齊威爾的亡靈》（*The Ghost of Barbara Radziwill,* 1886），由波蘭畫家沃伊切赫．格爾森（Wojciech Gerson, 1831-1901）所繪。波蘭國王齊格蒙特．奧古斯特（Sigismund Augustus, 1520-1572）曾請知名巫師招來猝死的愛妻芭芭拉的魂魄。

塔納托斯

佛洛伊德(Sigmund Freud, 1856-1939)

長著翅膀的塔納托斯(Thanatos)是為古希臘死亡的化身，是護送亡者和垂死之人到冥府的神祇。在希臘詩人赫西俄德(Hesiod)的詩作《神譜》(*Theogony*，約西元前700年)中，塔納托斯是希臘黑夜女神尼克斯(Nyx)和黑暗界神厄瑞玻斯(Erebos)的兒子，也是睡神修普諾斯(Hypnos)的孿生兄弟。赫西俄德描述這對孿生兄弟：「黑夜女神之子、令人敬畏的睡神與死神棲居於此，太陽神不曾對他們閃現耀目光芒……睡神安寧地在大地及遼闊海洋上遊蕩，待人和藹可親，但鐵石心腸、冷酷無情的死神，只要抓住獵物，就絕不放過：就連不死諸神也嗤之以鼻。」

荷馬在《伊利亞德》中描述了塔納托斯和修普諾斯兩兄弟，將光榮戰死的薩耳珀冬王(King Sarpedon)屍身帶走的場景，在他筆下塔納托斯的性情顯得較溫和。塔納托斯在古羅馬人眼中也是較仁慈的神祇，有時羅馬石棺上可見他化身長著翅膀的男孩，倒拿火把，象徵撲滅生命之火。

許多詞源於塔納托斯。佛洛伊德時代以塔納托斯本能來形容驅使人們做出自我毀滅行為的「死亡驅力」。死亡恐懼症(Thanatophobia)則是對墳場、屍體等跟死亡相關的字異常恐懼的病。死亡學(Thanatology)是研究死亡的學問，假死(Thanatosis)則是動物為求生而演變而來的適應行為。有些昆蟲會假裝靜止不動，好避開喜好獵物活動掙扎的天敵耳目。豬鼻蛇和北美負鼠遇到威脅時，都會靜止不動，排放臭氣沖天的液體。

另可參考：閻魔(約西元前1100年)，黑帝斯(約西元前850年)，席巴巴(約西元前100年)，超人類主義(1996年)

這座塔納托斯浮雕是德國雕刻家強恩．哥福瑞．沙朵(Johann Gottfried Schadow, 1764-1850)的作品。

輪迴轉世

伊恩·史蒂文森(Ian Pretyman Stevenson, 1918-2007)

晝去夜臨，潮起潮落，天體依週期運行。儘管意識會隨肉身衰亡而消逝，有些先人卻認為生命乃周而復始、萬象更新，因為人死後靈魂會進入輪迴轉世而重生。會這樣想也算是人之常情。

基督教、猶太教、伊斯蘭教各派多半認為人生如直線般進行，印度教、佛教、耆那教、錫克教等東亞主要宗教卻篤信輪迴轉世。現已知輪迴信仰（又稱作再世及轉生）可追溯至鐵器時代（約西元前600年，甚至更早），散見印度和希臘等地。在印度教，輪迴是死亡與重生的重複循環，生命最終目的是超脫輪迴的束縛，得到解脫（moksha）。同樣地，佛教徒亦期能無欲無求，超脫輪迴，達到涅槃境界。在西元前十六、十七世紀左右的古希臘，信奉奧菲主義的教徒也篤信輪迴一說。畢達哥拉斯派教徒（Pythagoreans，源自西元前十五世紀）因相信靈魂可能會轉世成人和其他動物而茹素。凱爾特德魯伊教及挪威神話也曾提及輪迴轉世，最近非洲人、印第安人、澳洲原住民的傳統也受到輪迴的概念所影響。

伊恩·史蒂文森博士是現代精神科醫師，他為探究輪迴轉世的可能，訪問了逾兩千五百名患有不尋常恐懼症或仍遺留前世記憶的孩童。相關研究雖令人著迷，但也備受爭議，這樣的結果究竟是巧合，還是實驗缺失，學者至今仍爭論不休。

另可參考：天堂（約西元前2400年），地獄（約西元前400年），《西藏度亡經》（約780年），《雅各之夢》（約1805年），瀕死經驗(1975年)，量子復活（一百兆年之後）

這只偌大的「輪迴之輪」高約二十五英尺（七點六公尺），是在1177年至1249年間刻在中國寶頂山（Mount Baoding）上。天魔化身誘惑及死亡，將輪迴之輪銜在口中。

CERBERVS
EB

賽伯勒斯

維吉爾(c.70-19 BCE)·奧維德(Publius Ovidius Naso or Ovid·43 BCE-c.17 BCE)

c. 560 BCE

「海克力斯拖著地獄犬賽伯勒斯(Cerberus)走在巨大漆黑的幽深洞穴中,拴上鏈條的賽伯勒斯不停掙扎,一照到白晝刺目的陽光便瞇起眼眨個不停……長著三顆頭的賽伯勒斯狂暴怒吼,吼聲震耳,口吐的白沫濺到綠地上。」這段描寫冥府三頭看門犬的駭人段落出自於羅馬詩人奧維德的著作《變形記》(*Metamorphoses*,西元八世紀)。妖犬唾液一落地,就長出有毒植物。

令人聞風喪膽的怪獸賽伯勒斯在古希臘羅馬神話皆出現過,為巨獸提豐(Typhon)及半人半蛇的女妖艾奇德娜(Echidna)之子,棲居在冥界怒河河岸,負責看守冥界黑帝斯入口,防止人逃脫。賽伯勒斯的三顆頭代表過去、現在、未來,或幼年、青年、老年,說法依文獻出處而定。賽伯勒斯雖窮凶惡極,海克力斯還是將牠馴服,帶回地上。在詩人維吉爾所寫的拉丁文史詩《埃涅阿斯記》中,賽伯勒斯因吃下摻了藥的蜂蜜蛋糕而昏睡不醒。赫赫有名的音樂家奧菲斯為了將摯愛亡妻尤莉迪斯(Eurydice)救出,以悠悠樂音哄這頭野獸入睡。可惜的是,奧菲斯忘記遵守承諾,在兩人即將逃出黑帝斯之際,回頭望了尤莉迪斯一眼,她也因此二度魂消玉殞。

賽伯勒斯常見的形象為長著巨蛇尾巴,但在一只西元前560年左右自希臘東南方拉科尼亞(Laconia)出土的花瓶上所繪的賽伯勒斯,頭和全身皆覆滿一條條大蛇,可見繪者想像力極為豐富。

另可參考:黑帝斯(約西元前850年)

《奧菲斯的故事:賽伯勒斯》(*Story of Orpheus: Cerberus*, 1875)為英國藝術家愛德華·伯恩·瓊斯(Edward Burne-Jones, 1833-1898)所繪。

"THAT'S ALL FOLKS"
MEL BLANC
MAN OF 1000 VOICES
BELOVED HUSBAND AND FATHER
1908 — 1989

墓誌銘

西莫尼德斯（Simonides of Ceos, c.556-468 BCE）·魯道夫·范·科伊倫（Ludolph Van Ceulen, 1540-1610）·莎士比亞（1564-1616）·卡爾·馬克思（Karl Heinrich Marx, 1818-1883）·大衛·希爾伯特（David Hilbert, 1862-1943）·邱吉爾（Winston Leonard Spencer-Churchill, 1874-1965）·梅爾·勃朗克（Melvin Jerome "Mel" Blanc, 1908-1989）·保羅·艾狄堣（Paul Erdos, 1913-1996）·法蘭克·辛納屈（Francis Albert Sinatra, 1915-1998）

「教堂院落碑石上刻的墓誌銘、裝飾、碑文見證了生命的脆弱不堪、淵遠流長，」作家喬弗瑞·萊特（Geoffrey Wright）寫道。「銘文透露了歷代先人的生活和信仰，也反映出近代社會樣貌。」

墓誌銘是用來悼念死者的短文，通常刻在其墓碑或紀念匾額上。辨別死者身分是古埃及相當重要的習俗。詩人西莫尼德斯作了廣為人知的古希臘墓誌銘，也記錄了在溫泉關戰役（Thermopylae）中戰敗喪命的斯巴達人安葬的地點（西元前480年）：「陌生人啊，請轉告故鄉的斯巴達同胞，吾人安葬於此：吾等已謹遵其命，克盡職守。」

不少墓誌銘上只刻著死者的姓名和生歿日期，但許多知名的墓誌銘可說是用盡巧思寫成，先前墓碑記事也提過，莎士比亞的墓誌銘是：「護此石者佑之，盜吾骨者咒之。」邱吉爾的墓誌銘則是：「我已準備好去見造物主，造物主有無準備好受我折磨是另一回事。」馬克思的是：「哲學家以不同方式詮釋這個世界，但重點是要去改變它。」喜劇演員，梅爾·勃朗克的墓誌銘寫道：「再會啦，鄉親父老們。」法蘭克·辛納屈的則是：「最好的還在後頭。」至於以下三位著名的數學家的墓誌銘則分別為，大衛·希爾伯特：「我們一定要知道，一定會知道。」保羅·艾狄堣：「終於不會再變笨了。」魯道夫·范·科伊倫：「3.14159265358979323846264338327950288。」

「死亡從人一出生便如影隨形，」作家凱薩琳·米勒（Kathleen Miller）寫道，「我們都心知肚明，總有一天要面對自己的死亡。在生死搏鬥的最後一刻，何不留下遺言傳世？所以才有所謂的墓誌銘。」

另可參考：墓碑（約西元前1600年），訃聞（1731年），死亡證明書（1770年），死亡面具（約1888年），臨終遺言（1922年）

喜劇演員、配音員梅爾．勃朗克的墓碑，坐落於南加州的好萊塢永恆墓園（Hollywood Forever Cemetery）。「再會啦，鄉親父老們」是勃朗克曾飾演的一角豬小弟（Porky Pig）的台詞。

地獄

但丁(c.1265-1321)·查爾斯·芬尼(Charles Grandison Finney, 1792-1875)

在十四世紀史詩《地獄篇》(*Inferno*)中,義大利詩人但丁走進地獄大門,看見了「凡入此地者,皆得拋下希望」這句銘文。1831年,復興派牧師查爾斯·芬尼談到地獄呼天喊地:「看哪!看哪!看那在滾燙湖水中翻騰的無數罪人,燒灼之苦令他們痛得咬舌!」

這些地獄場景的確怵目驚心,但一開始世人心目中的地獄並非惡人受盡永恆折磨的場所,而是人死後亡魂徘徊的「冥府」。「像這般中立的黃泉國度,」作家查克·奎沙夫利(Chuck Crisafulli)和祺拉·湯普森(Kyra Thompson)寫道:「幾世紀以來散見各文化,從古美索不達米亞到古中國及阿茲提克文明都有。」古時候,以色列人和希臘人都相信陰間(Sheol)及黑帝斯等地府存在,亡靈無論善惡都居住於此,但通常不是指受無止境折磨或懲罰的牢獄。「在東方宗教中,」奎沙夫利及湯普森寫道,「因為人們相信輪迴轉世,地獄並非受永恆酷刑之地,而是比較像待遇糟糕的打工:只要花一些時間燒燬這輩子的業障,下輩子就可以準備享福了。」

柏拉圖在《高爾吉亞篇》(*Gorgias*,約西元前400年)中曾提到,對古希臘人而言,黑帝斯深處有專用來懲戒惡徒的塔爾塔羅斯(Tartarus)。《可蘭經》描述了多層伊斯蘭烈火地獄,而在古代中國,地獄就像地底迷宮,靈魂關在迷宮中的受刑室內贖罪。

《新約聖經》則提及黑帝斯和焦熱地獄(Gehenna)。焦熱地獄是罪人受著無止境煎熬的場所,此處似乎指的是欣嫩子谷(Valley of Hinnom),當地人會將孩童獻給迦南神摩洛(Moloch)作為祭品。後來此地被羅馬人當作垃圾場和火葬場,幾乎無時無刻燃著熊熊烈火,或許這就是後世總拿炙火來隱喻地獄的原因。

另可參考:天堂(約西元前2400年),隱多珥女巫(約西元前1007年),黑帝斯(約西元前850年),輪迴轉世(約西元前600年),席巴巴(約西元前100年),外邊黑暗(約80年),但丁《神曲》(1321年),戈爾丁筆下生死夾縫間的世界(1956年)

這幅中世紀地獄圖(約1180年)出自修女海拉德·蘭茲伯格(Herrad of Landsberg, c.1130-1195)編撰的《樂園集》(*Hortus deliciarum*)。這本插圖豐富的百科全書原本是法國阿爾薩斯的歐亨堡修道院(Hohenburg Abbey)年輕見習修士的教材。

自殺

路易十六（Louis XIV, 1638-1715）．三島由紀夫（1925-1970）

1970年11月25日，二十世紀舉足輕重、曾三度獲提名諾貝爾文學獎的日本作家三島由紀夫（本名平岡公威）以日本自殺儀式切腹，拿刀往自己的腹部一劃，了結性命。日本武士蒙羞受辱時通常會以此舉保全榮耀，而三島是在發動政變要求還政於天皇失敗後切腹自殺。

自古以來，人類曾以上吊、服毒、飲彈等各種方式自盡。有人因生無所望而自殺，有人因不堪精神疾病所苦而尋短見，有人為抗議而殉死，還有如現在的自殺炸彈客和故意墜機擊毀美方軍艦的日本神風特攻隊那樣，為恐怖攻擊或戰略考量尋死。印度的娑提（sati）是寡婦投身亡夫火葬堆上殉葬的習俗，此俗淵遠流長，文獻記載可追溯至西元前十四世紀。西元73年左右，九百六十名猶太人不願為羅馬人所俘而受奴役，在以色列馬薩達（Masada）自盡。1978年，一群美國邪教信徒在蓋亞那（Guyana）瓊斯鎮（Jonestown）服氰化物集體自殺，死亡人數亦高達九百餘人。

根據世界衛生組織調查，全世界十五至二十九歲人口中，目前自殺高居第二死因，自殺率最高的地區則為東歐及亞洲。在猶太教、基督教、伊斯蘭教教義中，自殺乃觸犯上帝之舉，各國也曾將自殺及意圖自殺列為非法行為。1670年，法國國王路易十六下令凡自殺者，屍體必以面朝下拖街示眾，死者財產則一律充公以懲戒其家人。

研究者發現自殺有時也和腦源性神經營養因子（BDNF）濃度過低有關。無論觸發人自戕的生物心理社會因素為何，歷史學家傑佛瑞．瓦特（Jeffery Watt）提醒世人，「我們可從自殺及社會對自殺所抱持的態度，來一窺社會集體心態，相當難能可貴。」

另可參考：殉道者（約135年），孩童與人祭（1622年），《奧菲莉亞》（1852年），安樂死（1872年），電椅（1890年），神風特攻隊（1944年），不施行心肺復甦術（1976年）

比利時藝術家喬瑟夫．史塔勒（Joseph Stallaert,1825-1903）在這幅1872年所作的畫中，描繪了傳說中的古迦太基（Carthage）首位女王狄多（Dido）之死。據維吉爾的《埃涅阿斯記》所述，她見心愛的特洛伊英雄埃涅阿斯（Aeneas）將離開自己的國土，悲痛之下捅了自己一刀，葬身火葬台。

兵馬俑

秦始皇（259-210 BCE）

眺望出土的兵馬俑教人嘆為觀止，彷彿走入嶄新時空，在這座彼世冥府中，凍結的人偶守護服侍著死去的君主，直到永遠。「數百年來，在位於中國西北西安東部的農村中，傳聞地底棲居著幽靈亡魂，」作家麥克·卡佩克（Michael Capek）寫道。1974年，農民意外挖掘出一只兵馬俑（陶泥）士兵，引來考古學家研究數年，後來更是掘出一支守護亡君逾兩千年的地底大軍。

真人大小的兵馬俑象徵中國第一位皇帝秦始皇的軍隊，在西元前210年跟秦始皇一起長埋地底，好讓皇帝逝世後也有人隨侍在側。兵馬俑中估計約有六百七十四匹馬、一百三十台戰車、逾八千名士兵，多數至今仍尚未出土！許多兵馬俑原本色彩鮮豔，身上還佩戴著劍弩矛等武器，其中還有樂師及雜耍演員。

秦始皇登基時年僅十三歲，據推算他是在繼位當下便召來七十萬名勞工，大興土木建蓋陵墓。證據還顯示，兵馬俑的身體部位乃使用不同臉部模型，以生產線方式製作出後，再加以點綴，琢磨不同表情。

大秦帝國終結了戰國時代，一統中原。中國封建時期不時會將奴隸、軍人、婦女活生生埋入過世的主人墳墓，好在來世也為其效命、照料起居。幸好到了秦代已無此陋俗，對秦始皇來說，兵馬俑就已足夠。根據後世作家所言，皇陵中還藏有其他寶物，包括以水銀打造、模擬潺潺流水的人工水床。採集附近土壤研究後，的確發現土中含有高濃度水銀。

另可參考：木乃伊（約西元前5050年），墳墩（約西元前4000年），泥人（1580年），孩童與人祭（1622年）

兵馬俑一景，位於中國西安附近的一號坑中。

席巴巴

佩德羅·德·阿爾瓦多上校（El Capitan Pedro De Alvarado Y Contreras, 1490-1541）

席巴巴（Xibalba）是基切馬雅人（K'iche' Maya）神話中謎樣的地獄之名。基切馬雅人大多來自現今的瓜地馬拉（Guatemala）高原，1524年被西班牙殖民者佩德羅·德·阿爾瓦多征服。位於地底的席巴巴（「恐懼之地」）可經由洞穴進入。據詳載基切王國神話歷史的馬雅《議書》（*Popol Vuh*）所描述，席巴巴裡住著各式各樣令人膽寒的冥界神祇。十二名如神明般的統治者棲居此地，令人間飽受恐懼、疫病、痛苦等萬千凌虐。人類一旦進入冥界席巴巴，便有無窮無盡的考驗候之，就連通往席巴巴之途亦險惡重重，條條爬滿蠍子、膿血成災的河川橫流於此。傳說中，雙胞胎烏納普（Hunahpu）和伊克斯巴蘭奎（Xbalanque）的父親及叔叔慘死在冥界神祇手中，為報仇血恨，兩人闖入席巴巴。死神先是逼這對雙胞胎踢球較勁，試煉接連不斷，最後兩人終於突破重圍砍下死神的頭，重生為天國神祇。這對英雄雙胞胎的事蹟可見於西元前一百年左右的壁畫。

在馬雅文化的宇宙觀中，世界層層相疊，塵世平坦四方，位於人間的中界樹連接十三層上界與席巴巴神（Xibalbans）棲居的九層冥界。席巴巴神常被描繪作惡疫纏身的怪物，有些還會戴著眼球串成的項鍊。席巴巴中林立著幾間小屋，裡頭設了重重陷阱關卡，有尖刀之室、美洲豹之室、蝙蝠之室、炙熱之室、酷寒之室等，多不勝數。

作家斯坦尼斯拉夫·查拉德克（Stanislav Chladek）指出，馬雅宗教觀以「信仰來世為大宗，死者唯有在冥界之王席巴巴神統治的席巴巴通過試煉，才得以轉生來世。死亡無所不在，為了死後與冥界之王最終對決而重生，馬雅人的儀式大多圍繞此主題打轉。」

另可參考：天堂（約西元前2400年），閻魔（約西元前1100年），黑帝斯（約西元前850年），塔納托斯（約西元前700年），地獄（約西元前400年），亡靈節（1519年），孩童與人祭（1622年）

在這幅石灰岩浮雕中，可見遭捆綁的俘虜（左下方）被獻給馬雅統治者，時約西元785年。馬雅文明古典期時（約西元250-900年），地位高的戰犯常作為祭品，而位階低的俘虜則受苦勞奴役。

Iudica me deus et discer
ne causam meam de
gente non sancta ab
homine iniquo et doloso eri

pe me quia tu es deus meus
et fortitudo mea. ps
Emitte lucem tuam et
ueritatem tuam ipsa me de

復活

拿撒勒的耶穌（Jesus of Nazareth，c. 4BCE-30CE）

「在基督教信仰中，復活無疑是最為發人省思的重要概念，」宗教學者蓋佐．韋爾邁（Geza Vermes）寫道。「聖保羅的箴言令讀者篤信不疑，其對復活信念的貢獻也無人能比。」保羅曰（〈保羅致哥林多人前書〉十五章十三至十四節）：「死者若無法復活，耶穌也復生不了，連吾等之傳道、汝之信仰都將一文不值。」

復活一詞作為宗教用語泛指復活後仍保有生前個性的死者。虔誠的基督教徒多半相信死在十字架上的耶穌下葬後，肉身復活重返人間。大抵上亞伯拉罕諸教都有世界末日死者復生一說。例如，穆斯林相信日後某天真主阿拉會對人類進行最終審判，死者皆會復活。《舊約聖經》的〈以西結書〉及〈但以理書〉曾暗示未來以色列人會從黃泉復生。

《舊約聖經》曾記載幾件復活案例。上帝聽見先知以利亞（Elijah）的禱告後，使一名小男孩復活。一名男子在下葬時碰觸到墓地中以利沙的骸骨，死而復活。《新約聖經》中，耶穌允許門徒助死者復生。

耐人尋味的是，穆斯林對耶穌死於十字架刑的說法並不買帳，認為是上帝將他的肉身帶到天堂。據《可蘭經》（第四章一五七至一五八節）記載：「他們說（自吹自擂）：『我們殺了耶穌基督……』但其實不然，只是障眼法罷了……是真主阿拉將耶穌救起帶到祂身邊。」穆斯林相信在世界末日重返人世的耶穌，將「摧毀十字架、殲滅豬隻、廢除人頭稅」。（《聖訓錄》六五六條〔*Hâdith* Number 656〕）人頭稅（jizyah）是規定非穆斯林之人若想住進穆斯林土地，就必須支付稅金的近代稅法，也有人認為其暗指此後基督徒將皈依伊斯蘭教。

另可參考：天啟四騎士（約70年），泥人（1580年），盜屍賊（1832年），行屍症候群（1880年），迪索畫筆下的耶穌受難日（約1890年），鬼舞（1890年），心肺復甦術（1956年），殭屍（1968年），量子復活（一百兆年之後）

畫作出自裝飾手稿《貝里公爵的豪華時禱書》（*Les Très Riches Heures duc de Berry*，約1412-1416年），由林堡兄弟（Limbourg）所作。

NATIONAL POLICE GAZETTE.

ol. 2. No. 27—$2 A YEAR. NEW-YORK, SATURDAY, MARCH 13, 1847. FOUR CENTS A NUM

THE FEMALE ABORTIONIST.

墮胎

迪奧科里斯（Pedanius Dioscorides，約40-90年）

人類自數千年以前就開始墮胎，墮胎手法千變萬化，從服草藥流產、使力按摩腹部引產，到以尖銳儀器探入子宮，其中有的有效，有的無效。例如70年左右，希臘藥理學家迪奧科里斯曾建議飲用以黑藜蘆、噴瓜、藥旋花等植物製成的「墮胎酒」流產。二世紀希臘醫師索蘭納斯（Soranus）則要患者騎動物，或以腳跟碰臀部的劇烈跳躍來墮掉胎兒。現今則可以各種程序移除胚胎，或將胎兒從子宮拿掉，像是無須動刀只需藥流的人工流產。真空吸引術以手動或電動吸引器將胚胎取出，子宮擴刮術則要出動刮刀。

墮胎一事相當引人爭議，有些人甚至認為就連毀壞受精卵也算謀殺一條人命。但正如倫理學家路易斯·古寧（Louis Guenin）所言，「受精卵性格論」（認為受精卵也是人的看法）是近年來才盛行的觀點。例如，1869年以前，天主教都接受不到四十天大的胚胎，因靈魂尚未入身，所以不算是人的說法。亞里斯多德也同意此論點，並認為男胎要四十天、女胎則要九十天後才能視作人。若胚胎初期沒有靈魂，那麼早期墮胎應該也算不上謀殺。1211年，教宗依諾森三世（Pope Innocent III）認定一旦開始「胎動」，胚胎就被賦予了靈魂。胎動是母體首度感受到胎兒動作，約發生在懷孕三到四個月。依據猶太法律，在胎兒的頭探出子宮時，才會成為完整的人。胚胎在四十天大之前，不過是「一灘水」（《塔木德經》，耶瓦莫特69b）。

在1973年羅伊對韋德一案（Roe v. Wade）中，因禁止墮胎的州法侵犯女性隱私權，美國最高法院判其無效。各州尤其不能限制懷孕初期（孕期前三個月）的女性墮胎的權利。

另可參考：自殺（西元前300年），孩童與人祭（1622年），解剖（1761年），安樂死（1872年），腦死（1968年），不施行心肺復甦術（1976年）

紐約市墮胎婦安娜．洛漢（Ann Lonham，又稱雷斯特爾夫人[Madame Restell, 1812-1878]的肖像出現在1847年的《國家警察報》（*National Police Gazette*）上。遭紐約反惡俗協會（New York Society for the Suppression of Vice）創辦人安東尼．康史塔（Anthony Comstock）逮捕後，過沒多久她就在第五大道上的自宅內自殺身亡。

天啟四騎士

尼祿（Nero, 37-68）．圖密善王（Domitian, 51-96）．阿爾布雷希特．杜勒（Albrecht Durer, 1471-1528）、班傑明．韋斯特（Benjamin West, 1738-1820）．泰瑞．普萊契（Terry Pratchett, 1948-2015）．尼爾．蓋曼（Neil Gaiman, 1960-）

〈啟示錄〉是《新約聖經》最後一卷，內容駭人聽聞，意象怵目驚心，引來各方探討、爭論不休，其主題也散見藝術文學作品。〈啟示錄〉約在西元69年至95年之間寫成，但究竟時值尼祿抑或圖密善王統治末期，各派學者說法不一。根據經文本身記載，作者為來自希臘拔摩島（Patmos）的使徒約翰，內容可能在描述與羅馬帝國相關的不同歷史事件，也可能暗指世界末日來臨時的場景，或是正邪之爭、耶穌再臨，詮釋因人而定。

〈啟示錄〉中最為人所知、最饒富興味的就屬天啟四騎士：耶穌基督（化身羔羊）一一解開書卷首四道封印，便召喚解放出四騎士。按一般說法，先是召來騎著白馬、赤馬、黑馬，分別代表征服（或瘟疫）、戰爭、饑荒的三名騎士，最後現身的是騎著灰馬、象徵死亡的騎士（〈啟示錄〉第六章七至八節，新國際版聖經）：「當羔羊揭開第四封印，我聽見第四個活物說：『過來看！』我放眼望去，面前站著一匹蒼灰的馬！騎士名為死亡，地獄緊隨其後。上帝賜予其力量，以刀劍、饑荒、瘟疫、野獸殲滅地上四分之一的人。」

描述死神坐騎顏色的希臘文「khloros」有好幾種意思，可以是灰白、蒼白、淡綠、黃綠色等。在德國藝術家阿爾布雷希特．杜勒1505年的炭筆畫中，死神化身一具手持鐮刀、騎著骨瘦如柴的馬匹的骷髏。1796年，在美國畫家班傑明．韋斯特筆下，死亡騎士身後緊跟著一群妖魔鬼怪。泰瑞．普萊契及尼爾．蓋曼榮獲世界奇幻獎的作品《好預兆》（*Good Omens*, 1990）最精彩的部分是「天啟機車騎士」的會合，其中成員還有豔光四射、一頭紅髮的戰爭和稚氣的污染。據說抗生素發明後，污染取代了瘟疫。

另可參考：復活（約30年），黑死病（1347年），猙獰的收割者（1424年），《死之花園》（1896年）

《身騎灰馬的死神》（*Death on a Pale Horse*, 1796）．由美國畫家班傑明．韋斯特（1738-1820）所繪。

外邊黑暗

赫伯·洛克耶（Herbert Lockyer, 1886-1984）

超意識的靈魂在人嚥氣的瞬間，將何去何從？彼世或許存在著一處神祕場域「外邊黑暗」，基督教《新約》〈馬太福音〉（Gospel of Matthew）曾三度提及此處。外邊黑暗是亡者遭「放逐」之地，失去上帝庇佑的怨魂在此「不停地啜泣、悲憤地咬牙切齒」。宗教專家暨牧師赫伯·洛克耶寫道：「『外邊黑暗』或外面的黑暗代表什麼無從得知。我們無法看穿籠罩一切的黑暗，也不知道墮入此地者受何苦……惡徒受盡何種折磨，細節也不得而知。為求庇護，只能躲到祂懷中尋求救贖。」

身兼作家及記者的德魯·威廉斯（Drew Williams）根據摩門教教義，闡述外邊黑暗的概念：「據後期啟示錄記載，就連最卑賤的靈魂，上帝也會將所有榮光和慈愛全數賜予，但祂還是需要一個地方來容納作惡多端的靈魂，像是那些抵死不從眾神會議（Grand Council）安排的撒旦信徒……外邊黑暗是無神居住的場域，是流亡邊境。」威廉斯還提到，知道耶穌基督是救世主卻拒絕接受真相的罪人，「將墮入永恆的黑暗，永遠受盡苦不堪言、痛不欲生的折磨。」

牧師佛斯特（J.D.Faust）寫道：「有些現代基督徒認為『外邊黑暗』是位於地球中心的臨時牢獄，浪蕩淫靡的基督徒將在此受千年徒刑……有些則說『外邊黑暗』不過是天上的一處，位於天國內……有些人則認為視罪行大小而定，靈魂也可能遭放逐至地獄；但地獄仍有別於『外邊黑暗』。」

另可參考：黑帝斯（約西元前850年），地獄（約西元前400年），但丁《神曲》（1321年），戈爾丁筆下生死夾縫間的世界（1956年）

《聖升之梯》（*The Ladder of Divine Ascent*）是一幅十二世紀的畫作，收藏於埃及西奈山（Mount Sinai）腳下的聖凱薩琳修道院（St. Catherine's Monastery）。僧侶受惡魔引誘被拉下，天使則在旁鼓勵，要他們繼續爬上三十階梯子，耶穌在頂端等候。畫下方惡魔的血盆大口清晰可見。

幽靈

小普林尼(Gaius Plinius Caecilius Secundus, or Pliny the Younger,61-112年左右)

在狄更斯1843年的小說《聖誕頌歌》(*A Christmas Carol*)中,幽靈察覺埃比尼澤·斯克魯奇(Ebenezer Scrooge)不相信世上有鬼,便問:「我是否存在,你不是眼見為憑了嗎?為什麼要質疑自己的感官?」「因為,」斯克魯奇回答,「感官知覺很容易受一點小事影響。胃稍微不舒服可能就會眼花繚亂。你搞不好只是一塊消化不良的牛肉……不管你是何方神聖,說是鬼,還不如說是我吃壞肚子所產生的幻覺!」

世上許多文化似乎普遍都相信人死後靈魂會現身陽世,就連文字尚未發明前的民間宗教也有此一說。這則記事的時間約在100年,是最早的經典鬼屋傳說之一,傳聞中的幽靈鐐銬鎖身,身上鐐銬還會發出噹啷噹啷聲,後來有人前往調查。羅馬執政官小普林尼講述雅典一間房子鬧鬼的故事,鬼身上有枷鎖。經調查後,挖出一具身上有鐐銬的屍骸,後來將其妥當安葬後,鬼魂就不再出來鬧事了。

自古以來,幽靈化身千變萬化,從無形到活生生的有形實體都有。在荷馬的著作《伊利亞德》及《奧德賽》中,幽靈會「嘀咕嗚咽著沒入地底,煙消雲散」。對此存疑的人則認為人之所以見鬼,是因為空想性錯視所致,人類傾向在無意義的事物中看出有意義的形狀。見鬼也有可能是半夢半醒間出現的入眠前幻覺。

「幽靈的確反映出人對死後際遇的關切,」作家艾倫·丹尼雷克(J. Allan Danelek)寫道。「畢竟世上要真有幽靈,就代表人格並不會因死去而消失,也給了世人永生不死的希望。幽靈雖常出來嚇人,但似乎不可或缺,有了幽靈,人類才不會覺得茫茫塵世中自我過於渺小。」

另可參考:《埃及死者之書》(約西元前1550年),隱多珥女巫(約西元前1007年),噬罪人(1825年),降靈會(1848年)

這幅圖是知名日本浮世繪畫家歌川國芳(1797-1861)的作品,圖中可見巨大的幽靈在詩人源經信(1016-1097)的書房外吟詩。

殉道者

阿基巴·本·約瑟夫(Akiva Ben Joseph,約50-135)·維比雅·波佩圖亞(Vibia Perpetua,約182-203)·愛默生(Ralph Waldo Emerson, 1803-1882)·齊克果(Søren Aabye Kierkegaard, 1813-1855)·甘地(Mohandas Karamchand Gandhi, 1869-1948)·小馬丁·路德·金(Martin Luther King, Jr., 1929-1968)

「英勇以身殉道吧,但切勿因渴求成為殉道者而赴死,」英屬殖民地時印度的民族領袖甘地如此呼籲。美國詩人愛默生寫道:「無人能敗壞殉道者的聲譽。每受鞭罰就聲名遠播,每入牢獄皆成就更輝煌的殿堂。」丹麥哲學家齊克果則言:「暴君一死便不再君臨天下,殉道者一死影響卻無遠弗屆。」

殉道者一詞原意為「證人」,在基督教史初期數百年間,殉道者成了為捍衛信仰而受磨難或殉死之人的代名詞。阿拉伯文中的烈士(shaheed)一詞也有「證人」之意,後來用於形容殉教而死的穆斯林。

二世紀時,羅馬皇帝下令禁止傳授及閱讀猶太典籍《陀拉》,誓死不屈的猶太學者哈納尼亞·班·泰拉迪恩(Hananiah ben Teradion)於是遭人逮捕,以《陀拉》卷軸裹住他全身,置於火葬堆上處死,成了殉道者。據說火一點燃,他就大喊:「燒燬了羊皮紙,卻解放了紙上字句傳世。」羅馬人也在135年左右,殺了傳授《陀拉》的猶太拉比阿基巴·本·約瑟夫。羅馬軍團以巨大鐵梳將他的皮肉從骨頭刮下時,他的口中仍不斷唸誦著猶太教示瑪禱文(Shema)。

在經典「殉道者年代」羅馬統治時期,基督教徒大受迫害,殉教而死被視為「以血受洗」,能洗淨一切罪愆。這些受人敬重的殉道者常被賦予聖徒品位,遺骸也廣布許多天主教及東正教教堂中。203年,二十二歲的基督教聖女、奶媽迦太基的維比雅·波佩圖亞慘遭處決,她懷有身孕的女奴菲莉西塔(Felicitas)也不幸遇難。兩人被扔在羅馬競技場中,先是遭野牛攻擊,再被一劍刺死。這兩名殉道者都成了聖徒,在3月7日受多數基督徒悼念。今日殉教而死的人時而可見,亦開始出現了因政治理念而殉道的義士,民權運動倡導人小馬丁·路德·金就為一例。

另可參考:自殺(西元前300年),臨終遺言(1922年),神風特攻隊(1944年)

《基督教殉教者最後的禱告》(*The Christian martyrsLast Prayer*, 1883),由法國畫家尚·里昂·傑若米所繪(1824-1904)。

天使

C. 380

「床邊四角有四位天使圍繞，一個在場旁觀，一個為我禱告，兩個來此帶我靈魂走。」這首古老的童謠讓人聽了以為天使會振翅帶人飛上天堂，但昔日天使有翅膀的形象中並不常見。實際上，基督教中長著翅膀的天使最早出現在伊斯坦堡附近掘出的「王子的石棺」（Prince's Sarcophagus，約380年）。天使在拜火教、伊斯蘭教、猶太教、基督教中，多是天堂與人世的媒介。

《新約聖經》及《舊約聖經》提及天使的次數多達近三百次，天使會對人伸出援手，也會奪人性命。在〈出埃及記〉（Book of Exodus）中，埃及人的長子就是死在死亡天使手下。約500年時，基督教神學家偽迪奧尼修斯（Pseudo-Dionysius）依天使和上帝的親疏，將其分成九位階：（一）熾天使，（二）智天使，（三）座天使，（四）主天使，（五）能天使，（六）力天使，（七）權天使，（八）大天使，（九）天使。

居首位的是守護上帝寶座的熾天使，〈以賽亞書〉第六章一至四節（Isaiah 6:1-4）以六翼天使之姿形容祂。大多人都認為小天使就像在情人節卡片上飛來飛去的胖嘟嘟小孩那樣。然而在聖經中，天使的形象卻令人生畏，祂們會奉主之令手持火焰寶劍死守伊甸園邊陲，不讓亞當和夏娃重返此地。根據〈以西結書〉第一章五至十四節（Ezekiel 1:5-14）的描述，天使有四張臉（人類、獅子、公牛、老鷹）及兩對翅膀。在〈馬太福音〉第二十六章五十三節（Matthew 26:53）中，耶穌對天使說：「你以為我不能求天父，請他立刻替我派十二營以上的天使下來嗎？」

〈創世紀〉第六章一至四節講述了聖經最撲朔迷離的故事。拿非利人（Nephilim）的來歷是「神的兒子與人的女兒交合所生之子。他們是威名震天下的上古英豪」。有人認為「神的兒子」就是與人類女子交合、生下混血種拿非利人的天使。

另可參考：天堂（約西元前2400年），《雅各之夢》（約1805年），斯瓦伯的《掘墓人之死》（1895年），《負傷天使》（1903年）

在這幅丹麥畫家卡爾．海因里希．布洛赫（Carl Heinrich Bloch,1834-1890）的作品中，天使在哥西馬尼花園（Gethsemane）安慰即將遭逮捕、釘上十字架的耶穌。

《西藏度亡經》

伊喜措嘉（Yeshe Tsogyal, 757-817）‧卡爾‧古斯塔夫‧榮格（Carl Gustav Jung, 1875-1961）‧華特‧依林‧伊凡溫茲（Walter Yeeling Evans-Wentz, 1878-1965）‧威廉‧柏洛茲（William S. Burroughs, 1914-1997）‧埃文‧艾倫‧金斯堡（Irwin Allen Ginsberg, 1926-1997）

腫瘤科醫師、教授馬克‧鮑爾（Mark Bower）和強納森‧韋克斯曼（Jonathan Waxman）如此形容《西藏度亡經》：「根據佛教宗旨，死亡並非遙不可及，有生就有死，死生如影隨形。死不等於結束，反倒是我們可藉此良機修身蛻變，以期最終達涅槃境界，造福他人。」

《西藏度亡經 》又名《中陰聞教大解脫》（*Liberation through Hearing during the Intermediate State*）或《中陰得度》（*Bardo Thodol*），是用來引渡彌留者的西藏經文。人從死後到轉生需歷經四十九日，這階段稱之為中陰（Bardo），期間所見所聞或祥和、或駭人。誦讀此經引導亡者及彌留者並不是為了助其轉生，而是期佑靈魂能從六道輪迴中解脫。

據藏人說，度亡經是由佛教謎樣傳奇人物蓮花生大士（Guru Padmasambhava）在八世紀編撰，再由其大弟子伊喜措嘉約780年執筆成書。1927年，美國人類學家華特‧伊凡溫茲將經文翻成英文引進西方。

死後會發生什麼？此乃人生於世一大哉問，《西藏度亡經》探討了死後的際遇，也因此引來各方注目，像是名音樂家披頭四和精神科學翹楚榮格醫師都曾對它興致趣勃勃。「垮掉的一代」（Beat Generation）作家威廉‧柏洛茲在1954年致信詩人艾倫‧金斯堡，告訴他：「藏傳佛教有趣得很。沒接觸過的話，一定要去好好了解一下。」伊凡溫茲在1965年辭世，親友在他的葬禮上誦讀了他的《西藏度亡經》譯本。

另可參考：《吉爾伽美什史詩》（約西元前2000年），《埃及死者之書》（約西元前1550年），閻魔（約西元前1100年），輪迴轉世（約西元前600年），天葬（1328年）

「死神之舞」是在不丹慶典上跳來紀念傳奇人物蓮花生大士的舞蹈。據說他在八世紀將金剛乘佛教（Vajrayana Buddhism）引入西藏及印度。

維京船葬

大衛．赫伯特．勞倫斯（David Herbert Lawrence, 1885-1930）

「你打造自己的死亡之舟了嗎？」英國作家勞倫斯在撼人心弦的詩作〈死亡之舟〉（The Ship of Death）中寫道。這首詩描述載著亡靈展開「最漫長的航程」的船，詩人勞倫斯要讀者在船上裝滿美酒佳餚，準備「航向黑暗」，前往遺忘的國度。這裡似乎在描寫謎樣的維京船葬，維京人會將死者和其財物置於船上，有時甚至還有奴隸殉葬。

奧賽貝格號（Oseberg）在挪威一處巨大的墳墩中掘出，是維京時代最著名的陪葬船之一。從遺骸研判，這艘長七十英尺（二十公尺）的橡木船是在834年和十四匹馬、一隻公牛、三隻狗一起埋葬。船上還發現兩名女性的骨骸，其中一人死於六十四歲左右，另一人為二十五歲。據推測，老婦可能就是傳說中貌美如花的奧沙女王（Asa），也是暗殺殘酷夫君古德羅德王（King Gudrod the Hunter）的幕後推手。船上還發現一輛馬車、幾支雪橇、裝飾品及工具。

另一艘著名的維京陪葬船是在挪威一處墳墩出土的高克斯塔號（Gokstad，長七十六英尺，約二十三公尺），其船身比奧賽貝格號還要來得堅固，原本用途為商船及戰船，船上可容下三十二名舵手。船木可追溯至890年，船上有一名年約六旬的男子，墳墩中還埋著三艘小船、許多盾牌、狗兒及馬匹。

十世紀時，知名阿拉伯穆斯林作家、旅人阿哈瑪德．伊本．法德蘭（Ahmad ibn Fadlan）寫下了一篇關於斯堪地那維亞首領葬禮的記事。記事中女奴自願隨主殉死，於是眾人將她灌醉後性交，再抱她到葬船上的屍體旁對她百般蹂躪。最後派一名稱作「死亡天使」的老婦將她絞殺刺死，放火燒船。

另可參考：墳墩（約西元前4000年），墓碑（約西元前1600年），比弗羅斯特（約1220年），天葬（1328年），送葬隊伍（約1590年），墓園（1831年）

波蘭畫家亨里克．希米拉斯基（Henryk Siemiradzki,1843-1902）在1883年的作品。畫作描繪了一名死於十世紀的維京統治者的船葬。

比弗羅斯特

斯諾里·斯蒂德呂松（Snorri Sturluson, 1179-1241）·
喬治·麥克唐納（George Macdonald, 1824-1905）

C. 1220

蘇格蘭牧師喬治·麥克唐納在1867年出版了童話《金鑰匙》（*The Golden Key*），書中彩虹和神秘奇蹟息息相關：「他們往上爬，爬著爬著，爬到天空之頂，來到彩虹上頭。海洋陸地向遠方綿延而去，從透明的彩虹俯瞰而下，腳下景致盡收眼底。樓梯並排交纏，老少青壯的美麗生物和他們一起攀爬而上。他們知道自己要前往靈魂降生的國度。」

彩虹象徵前往天國的通道，最有趣的傳說非比弗羅斯特（Bifrost）莫屬。在冰島歷史學家、詩人斯諾里·斯蒂德呂松1220年左右編撰的古挪威神話集《散文埃達》（*Prose Edda*）中，炙熱的彩虹橋比弗羅斯特是俗世通往眾神之國阿斯嘉（Asgard）的橋樑。眾神以火（紅）、空氣（藍）、水（綠）三元素打造出比弗羅斯特，彩虹橋乍看脆弱不堪，但其實相當堅固。

諸神藉著比弗羅斯特頻頻往返天國與俗世間，但除了戰死戰場的勇士外，凡人皆不可涉足此橋。古籍上記載，待諸神的黃昏（Ragnarök）降臨，天災肆虐，主神遭殲滅，彩虹橋也會毀壞。在諸神的黃昏告急之際，巨人族和惡魔會從比弗羅斯特突襲阿斯嘉。雖然比弗羅斯特由海姆達爾（Heimdallr）守護，他也在危急之際吹響加拉爾號角（Gjallar-horn）警告諸神，卻徒勞無功，彩虹橋最後無法承載入侵者的重量，就此塌垮。

彩虹在世界各地的傳說及宗教中，都扮演著舉足輕重的角色。例如在希臘羅馬神話中，彩虹是連接塵世及天堂的通道。作家雷蒙德·李（Raymond Lee）及阿里斯塔爾·弗雷澤（Alistair Fraser）寫道：「無論東方或西方，世人對燦爛炫目的彩虹的臆想五花八門。彩虹是橋梁、是使者、是弓箭手的弓、是巨蛇，數千年來象徵著無數意象。」

另可參考：天堂（約西元前2400年），維京船葬（834年），《雅各之夢》（約1805年）

海姆達爾神站在比弗羅斯特彩虹橋旁，吹響加拉爾號角。這幅畫是1905年德國插畫家艾米爾·多埃普勒（Emil Doepler, 1855-1922）的作品。

但丁《神曲》

維吉爾（70-19 BCE），但丁（c.1265-1321）

義大利詩人但丁在《神曲》（*The Divine Comedy*）中探索了「人類最惡劣的一面，也探索了最良善的一面，」學者羅賓·克爾派崔克（Robin Kirkpatrick）寫道。「雖然表面上看起來，但丁探究的範疇不出肉體和精神層面。」

但丁在1321年寫下這首詩作，不久便與世長辭。詩一開頭描寫羅馬詩人維吉爾引領但丁到地獄及煉獄一遊，接著由但丁仰慕的女子碧翠思（Beatrice）帶他上天堂。以非拉丁文而是如義大利文的白話文寫成的古代詩作，若結局皆大歡喜，便稱之為喜劇。

下地府途中，但丁見到了依罪行受罰的罪人們。例如，占卜師的頭遭反扭，臉朝背後行走，看不到前方。饕餮之人必須以排泄物為食，小偷的身體和蛇隻或巨蛇交纏。古希臘神話中冥府黑帝斯的怨河及怒河，也流淌在但丁筆下的地獄中。地獄宛如一只龐然漏斗，通往撒旦永恆棲居的地球中心。小奸小惡的罪人關在地獄外圍，罪大惡極的罪人則關在靠近地球中心之處。「上帝所選的懲處公正不阿，在此一目了然，」文學指南網站SparkNotes的編輯寫道。「神的制裁嚴正，公允無私，罰則如科學公式般條條分明。」

在地獄和地球中心走過一遭後，但丁爬上了位於南半球的煉獄本山（Mountain of Purgatory），各層山岩上可見悔改的罪人，伊甸園坐落在山頂上。就在終於抵達天堂之際，但丁遇見了上帝，所有欲望及心願在那一剎那「都被推動日月星辰的神愛所翻轉。」

另可參考：天堂（約西元前2400年），黑帝斯（約西元前850年），地獄（約西元前400年），外邊黑暗（約80年）

在這幅由多明尼哥·迪·米歇利諾（Domenico di Michelino, 1417-1491）1465年的壁畫中，但丁手持一本《神曲》，指著底下的地獄入口。背景是層層分明的煉獄本山，上方是天堂，右手邊則是佛羅倫斯市。

天葬

鄂多立克（Odoric of Pordenone, 1286-1331）

「禿鷹群聚山腰，虎視眈眈，」記者賽斯·菲森（Seth Faison）寫道。「在綠草叢生的山坡上，西藏僧侶將一具赤裸的老婦屍體置於一塊神聖的空地後，便到岩石那磨刀霍霍。他沿著古老的佛教紀念碑繞了一圈，喃喃禱告，然後下刀分屍。」 1328

歡迎參觀西藏古老的習俗天葬——藉由禿鷹及其他鳥類來處置屍體的葬禮，通常在高山上進行。天葬不僅慷慨將屍身歸與當地生物，還相當實用，因為西藏山區地表堅硬崎嶇，無法挖墳土葬，加上林木稀疏，也無法火葬。進行天葬時，死者親屬可在一旁待著，但通常不會親眼觀禮。天葬時會有一名僧侶或天葬師（碎屍的人）負責分屍，還會拿錘子搗碎骨頭，和入糌粑（以薏仁粉、茶、酥油混合做成的食物）供鳥類食用。中國在1960年代末期禁止天葬，直到1980年代才解禁。當局現允許此習俗。

西藏天葬究竟在何時盛行起來，實在難以定論，但似乎至少可追溯到義大利旅人化緣修士鄂多立克在1328年左右踏足西藏之時。他對當地習俗的記述雖然有些失了真，卻明白寫到祭司和僧侶將屍體分解，還描述了「老鷹和禿鷹從山上俯衝而下，叼了自己的份就瀟灑飛走」的場景。

類似曝屍供野獸啃食的「葬禮」也曾見於其他文化，像是新石器時代英國的幾處地區。幾世紀以來，歷史悠久的伊朗宗教拜火教的信徒也會將死者曝屍在名為寧靜塔（Tower of Silence）的高台。

另可參考：火化（約西元前20,000年），藏骨堂（約西元前1000年），《西藏度亡經》（約780年），維京船葬（834年）

拜火教的寧靜塔，位於伊朗亞茲德省（Yazd）。

黑死病

伊翁·蓋欣(Jeuan Gethin, ?-1349)·伊本·赫勒敦(Ibn Khaldun, 1332-1406)·北里柴三郎(1853-1931)·亞歷山大·耶爾辛(Alexandre Yersin, 1863-1943)·諾曼·康托爾(Norman F. Cantor, 1929-2004)

十四世紀末時,阿拉伯歷史學家伊本·赫勒敦寫道:「東西方文明皆飽受瘟疫肆虐,瘟疫摧殘國土,塗炭生靈,文明榮景慘遭吞噬摧毀。」這場浩劫在五百年左右後,世人稱之為黑死病。

套句歷史學家諾曼·康托爾的話:「黑死病……是歐洲史上規模最大的生物醫學災難,要說是世界史上最慘烈也不為過。」這場慘絕人寰的腺鼠疫大概是從亞洲開始爆發,1347年蔓延至歐洲。據估算,世界各地約有七千五百萬人命喪黃泉,歐洲人口三分之一至三分之二因此滅亡。直到二十世紀為止,歐洲可能曾數度遭逢同樣瘟疫,每次死亡人數不一。歐洲人很快便提出疫病爆發的原因,但眾說紛紜,有人說是因為星象異常,有人說是天譴,也有人說是猶太人在井水中下毒。因此數以千計的猶太人慘遭殲滅,多是燒死。痲瘋病患者也無法倖免於難,甚至連痤瘡或牛皮癬患者也遭處死。

1894年,瑞士裔法籍醫師亞歷山大·耶爾辛及日本醫師北里柴三郎終於釐清腺鼠疫的病原體。究竟是否所有瘟疫都屬於同一種疾病,科學家仍有爭議,但大都認為始作俑者是齧齒動物及跳蚤身上的耶爾辛氏鼠疫桿菌(Yersinia pestis)或其變體。受感染的人會出現「淋巴腺腫」或淋巴結腫大的症狀,不出幾天便會死亡。記者愛德華·馬瑞歐特(Edward Marriott)寫道:「瘟疫這個詞本身聽起來就很不祥。沒有疾病像它一樣,能造成天啟末日:為再度以亡國之力肆虐人間,可銷聲匿跡蟄伏數百年。」

另可參考:天啟四騎士(約70年),瘟疫醫生裝束(1619年),絕種(1796年),安樂死(1872年)

圖中描繪了瘟疫病人接受牧師祈福,出自於十四世紀末期的百科全書《全善之書》(*Omne Bonum*),由詹姆斯·龐馬(James le Palmer, 1325-1375)編纂。

Lee

報喪女妖

葉慈（William Butler Yeats, 1865-1939）

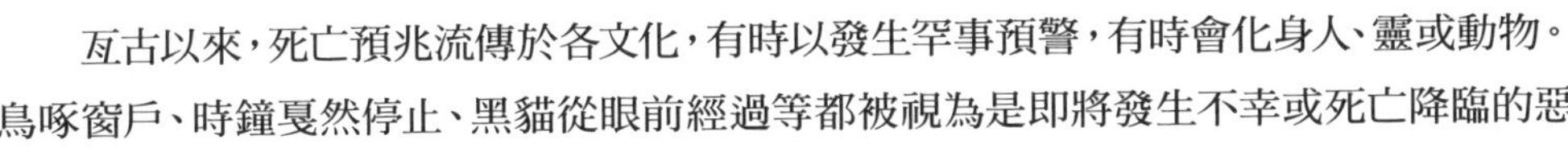

亙古以來，死亡預兆流傳於各文化，有時以發生罕事預警，有時會化身人、靈或動物。鳥啄窗戶、時鐘戛然停止、黑貓從眼前經過等都被視為是即將發生不幸或死亡降臨的惡兆。

愛爾蘭民間傳說中的報喪女妖（Banshee）是會在人快要死之前嚎啕慟哭的女幽靈，曾以不同姿態現身，早在1350年左右，便曾出現在愛爾蘭歷史學家尚恩·麥克·奎斯（Sean Mac Craith）的著作《愛爾蘭湖的勝利》（*Triumphs of Turlough*）中。雖然此書主要闡述愛爾蘭人和諾曼君主克萊兒家族間的戰爭始末，歷史價值甚高，書中對報喪女妖的描述更是生靈活現。報喪女妖會以兩女之姿現身，一女美若天仙，另一女不但奇醜無比，還被支離破碎的屍體所包圍。醜女會預言愛爾蘭及諾曼戰士之死。書中，指揮官無視報喪女妖警告，繼續打仗，下場死傷慘重。在不少傳說中，報喪女妖只對有純愛爾蘭血統的特定家族發出預警。

凱爾特各國也出現過類似的死兆傳說，從墓園到垂死之人的家途中，地上會有光、燭火及火焰在兩地間來回飄行。鬼火及屍火兩詞就是指出現在墓園、象徵死亡預兆的火光，也暗示死者未來下葬之處。鄰近區域也存在類似報喪女妖的生物，像蘇格蘭洗衣女子（bean nighe）就是常被視作死兆的女精靈。聽說這些精靈會在溪邊徘徊，刷洗將死之人的衣服。

1893年，愛爾蘭詩人葉慈筆下曾提及這種生物：「他曾目睹不少奇事……我問他是否看過精靈……也問他是否看過報喪女妖。『我看過，』他回答，『她在河畔那頭，不斷用手拍打著河水。』」

另可參考：隱多珥女巫（約西元前1007年），幽靈（約100年），降靈會（1848年）

「邦沃斯報喪女妖」（Bunworth Banshee）出自《南愛爾蘭精靈傳說與傳統》（*Fairy Legend and Traditions of the South of Ireland*, 1834），由愛爾蘭古籍收藏家湯瑪斯·庫夫頓·庫克（Thomas Crofton Croker, 1798-1854）所作。

Le Petit Journal

ADMINISTRATION
61, RUE LAFAYETTE, 61
Les manuscrits ne sont pas rendus
On s'abonne sans frais dans tous les bureaux de poste

5 CENT. SUPPLÉMENT ILLUSTRÉ **5** CENT.

23me Année — Numéro 1.150

DIMANCHE 1er DÉCEMBRE 1912

ABONNEMENTS

	SIX MOIS	UN AN
SEINE et SEINE-ET-OISE..	2 fr.	3 fr. 50
DÉPARTEMENTS...........	2 fr.	4 fr. »
ÉTRANGER	2 50	5 fr. »

LE CHOLÉRA

猙獰的收割者

阿爾布雷希特·杜勒(Albrecht Dürer, 1471-1528)

1424

「從青銅器時代到量子時代，死亡都曾擬人化，以各種樣貌現身於藝術作品中，」心理學家路易斯·艾肯（Lewis R. Aiken）寫道。在現址土耳其的新石器時代聚落中，死亡會化身巨大黝黑的禿鷹攻擊無首人屍，在《新約聖經》〈啟示錄〉中，則化身騎著蒼白馬匹的騎士。西方最廣為人知的死亡化身便屬猙獰的收割者。他會以身披一襲斗篷、手持鐮刀的骷髏姿態現身。此形象隨十四世紀黑死病猖獗出現，在十五世紀以後更為常見。原是用來割稻的鐮刀搖身一變，成了在瘟疫肆虐的歐洲「收割」上百萬死者的象徵。

1424年，畫在巴黎的聖嬰墓園牆上的「死亡之舞」也出現類似骷髏的樣貌。也有其他描繪人與骷髏共舞的畫作，警惕觀眾死亡一直就在身邊。這些作品提醒人要「記住，人終將一死」（原文為拉丁文memento mori）。1505年，德國雕刻師阿爾布雷希特·杜勒的作品中也出現了騎著瘦馬的猙獰收割者。

許多文化中都可見死亡化身骷髏。愛爾蘭有騎著黑馬、手持由人的脊椎製成的鞭子的無頭騎士杜拉漢（dullahan）。在波蘭，死亡有時會以骷髏老婦人的形象現身，在南美則是受人尊崇的骷髏男子聖死神（San La Muerte），而墨西哥也敬拜類似的女性骷髏生物、別名聖死夫人（Our Lady of the Holly Death）的死亡聖神（Santa Muerte）。有趣的是，2013年，梵蒂岡竟宣稱墨西哥民間信仰的「死亡聖神」褻瀆上帝，不應出現在任何宗教中。

另可參考：閻魔（約西元前1100年），天啟四騎士（約70年），《死亡和守財奴》（約1490年），亡靈節（1519年），瘟疫醫生裝束（1619年），鬼臉天蛾（1846年），《死之花園》（1896年）

在這幅《小日報》（*Le Petit Journal*）的插圖（1912年12月）中，死神帶來霍亂，奪去多條人命。

《死亡和守財奴》

耶羅尼米斯·波希（Hieronymus Bosch, 約1450-1516）

歷史學家華特·波辛（Walter Bosing）認為，荷蘭畫家波希的畫呈現給觀者「充滿美夢及夢魘、瞬息萬變的世界」。他的畫中常出現稀奇古怪的人物，極富宗教或道德寓意，看了令人百思不解。厄文·潘諾夫斯基（Erwin Pankofsky）在《早期荷蘭畫作》（*Early Netherlandish Painting*）中寫下，「為了『解讀波希密碼』，我下了一番苦功，各方鑽研，但還是覺得沒能完全揭開他畫中夢魘及白日夢的神祕面紗。雖稍能一窺其妙，卻仍無法深入其堂奧。」

《死亡和守財奴》為波希在1490年所繪，也算是提醒人「記得人終將一死」、暗示死亡無可避免的警世畫作。畫中，一名垂死的男子必須從精神豐足或世俗財富中二擇一，有隻惡魔看似遞給他或拿走一袋硬幣，天使則向高掛在上的十字架及一線光芒招手。死亡化身身披長袍的骷髏，將箭矢指向男子，暗示他即將歸西。畫的前景可見一名手裡緊握著一條玫瑰念珠的守財奴，正在將黃金裝箱。有人說這個守財奴就是垂死男子之前的模樣。其他惡魔和小魔鬼彷彿在房內嘲弄他，將財寶偷走。但垂死男子究竟會不會拋下財富俗念，擁抱天使之光以獲救贖，觀者最終還是無法判定。

波希另一幅知名畫作《塵世樂園》（*The Garden of Early Delights*）則是三聯畫，左邊描繪上帝將夏娃引薦給亞當，中間的畫中則出現赤裸的人、珍禽異獸、碩大果實及其他神祕的物體，景色錯綜複雜，令人摸不著邊際。右邊的畫是一片漆黑如地獄的領域，充斥著人類和謎樣生物。這一系列版畫告誡世人，若在世時荒淫無度，死後便會墮入熾熱的地獄。

另可參考：地獄（約西元前400年），但丁《神曲》（1321年），猙獰的收割者（1424年），亡靈節（1519年），《死之花園》（1896年）

《死亡和守財奴》（木板油畫），由波希所繪。

亡靈節

埃爾南·科爾特斯(Hernán Cortés de Monroy y Pizarro, 1485-1547)·荷西·瓜塔盧·波薩大(José Guadalupe Posada, 1852-1913)·奧克塔維奧·帕斯(Octavio Paz Lozano, 1914-1998)

1519

「外地人或許對在專為亡靈舉行的節慶歡欣鼓舞感到匪夷所思，但亡靈節就是這樣一個節日，」凱蒂·威廉斯（Kitty Williams）及史蒂維·邁克（Stevie Mack）寫道。「亡靈節不僅是對死者的尊崇，還順道調侃了死亡一事，是活力四射、多采多姿、慶祝生命的節日。」

亡靈節是墨西哥人遙祭亡者的節日，通常定在11月1日及11月2日，西班牙、拉丁美洲等地也共襄盛舉。節慶時，民眾會搭起私人祭壇弔念死者，邀請亡靈進屋作客。家家戶戶裝飾著糖骷髏和盛開的橘色金盞花。人們會去掃墓，擺上祭品點綴墳墓。

亡靈節可追溯至阿茲提克人為紀念冥界女神「死亡聖女」米克特卡西華提（Mictecacihuatl）所舉行的慶典。昔日西班牙人入侵前，墨西哥人都遵循以大自然為主的遠古習俗慶祝亡靈節，西班牙征服者埃爾南·科爾特斯在1519年佔領墨西哥後，天主教成了當地主要宗教，亡靈節也逐漸融合萬聖節（紀念聖人的慶日）、萬靈節（紀念身處煉獄的亡者）等天主教節慶。到了1700年代中期，墨西哥亡靈節慶便與今日無異。到了二十世紀，墨西哥版畫師荷西·瓜塔盧·波薩大以米克特卡西華提為原型所作的蝕刻畫卡翠娜骷髏（優雅的骷髏），成了節慶不可或缺的聖像。

作家奧克塔維奧·帕斯說：「在紐約、巴黎、倫敦，人們相當忌諱死亡，對死亡一詞三緘其口。墨西哥人卻與死亡為鄰，毫不忌諱地調侃死亡、擁抱死亡，與死亡共枕，大肆慶祝。死亡是他們最愛的玩物，是最堅貞不渝的愛人……死亡並非禁忌……」

另可參考：席巴巴（約西元前100年），猙獰的收割者（1424年），《死亡和守財奴》（約1490年），送葬隊伍（約1590年），鬼舞（1890年），《死之花園》（1896年）

「卡翠娜骷髏」小雕像，是亡靈節的象徵，也是在挖苦墨西哥的上流階級。

泥人

猶大·洛伊烏·本·比撒列(Judah Loew Ben Bezalel, 約1520-1609)

1580

猶太民間傳說中的泥人是由黏土或泥巴製成、形似人類的生物。泥人橫跨陰陽兩界、穿梭在半夢半醒間,令人不禁質疑起自由意志,也引發了人扮演上帝的隱憂。史上最有名的泥人應該是出自十六世紀布拉格拉比猶大·洛伊烏·本·比撒列之手,據說他在1580年創造了泥人來保護猶太社區免於反猶太惡徒的攻擊。名為尤賽勒(Yossele)的泥人不只會隱形,還能招喚死靈,在安息日(Shabbat)時卻動彈不得。

為賦予泥人生命,通常會在其身上刻下魔法或宗教文字。據說創造者有時還會在泥人前額,或在置於其舌下的泥板或紙上,寫下上帝的名字。有些人會在泥人額頭上寫下希伯來文的「真理」(emet)使它活過來,若要解除咒語,只需抹去第一個字母,字義就成了「死亡」(met)。據其他猶太古訣記載,要創造泥人,就必須先拿希伯來語中的每個字母,和希伯來文的上帝之名四字神名阿羅訶(YHVH)中的每個子音結合, 再將所有母音插入每對詞。四字神名為刺穿現實、賦予泥人生命的「啟動暗號」。

泥人一詞在聖經中只出現過一次(〈詩篇〉第一三九章十六節),意思是不完善或未成形的身體。新國際版聖經將經文譯為「你見了我未成形的身體,你的眼早已看見;你所定的日子,我尚未度一日,你都寫在你的冊上了。」在現代希伯來語中,泥人常有「無腦」或「無可奈何」之意。的確,文學作品中的泥人多半是頭腦簡單、四肢發達的生物,但能從事簡單、重複的任務。事實上,要如何對泥人下達停手的指令,才是令泥人創造者棘手的課題。

另可參考:兵馬俑(約西元前210年),復活(約30年),《科學怪人》(1818年),行屍症候群(1880年),洛夫克拉夫特的幽靈人種(1922年),殭屍(1968年)

《拉比洛伊烏及泥人》(1899),由捷克藝術家米可拉斯·阿勒斯(Mikoláš Aleš, 1852-1913)所繪。

送葬隊伍

「可以說人性始於人類首次在墓中放陪葬物之時，」作家卡蒂·班傑明（Katy Benjamin）寫道。我們在納圖芬陪葬花篇（約西元前11,000年）中得知人們會在墳墓四周放上陪葬花，還發現了幾處宴席遺跡。自古迄今，人們常以送葬隊伍來表示對死者的尊敬。在古羅馬，顯赫人士的送葬隊伍成員有時會戴上畫著死者家族祖先臉孔的面具。許多文化會請來孝女白琴放聲哭嚎送葬，但在1600至1800年代間，歐洲人反倒是請一身黑衣、面容哀戚的「殯儀啞人」助陣。

有趣的是，縱觀歷史，「出殯小徑」是將遺體送到最終安葬地的路線。根據民間傳說，妖精、鬼魂和亡靈也會沿著這條特殊小路行走，莎士比亞稱昔日的出殯小徑為「教堂甬道」。在莎翁1590年的作品《仲夏夜之夢》中，鬼靈精怪的小精靈帕克（Puck）說：「夜幕降臨，墳墓洞開。亡魂傾巢而出，翱翔教堂甬道間。」

現今基督教傳統是先誦悼詞後再送葬，有時還會先進行守靈（又稱守夜或瞻仰儀容），守靈時會將死者遺體置於靈柩中讓人悼念。許多西方國家習慣以靈車將死者從殯儀館送到紀念堂或墓園。紐奧良爵士風葬禮可能會請爵士樂隊來送葬，墓園葬禮結束後，音樂會越奏越輕快。印度的送葬隊伍則清一色都是男性，將遺體從家中送至火化場，由主要哀悼者（通常是長子）點燃火葬堆。

「研究喪葬儀式可幫助世人了解跟死亡有關的文化價值觀，」教育家比爾·霍伊（Bill Hoy）寫道，「藉此能窺見人們如何走出喪失親友之痛，也能更加明白特定文化圈的人是如何透過為摯愛親友送葬來扶持彼此。」

另可參考：火化（西元前20,000年），納圖芬陪葬花（西元前11,000年），棺材（約西元前4000年），維京船葬（834年），報喪女妖（約1350年），亡靈節（1519年），墓園（1831年），屍體防腐術（1867年）

《愛的送葬隊伍》（*The Funeral Procession of Love*，約1580年），由法國畫家亨利·勒朗貝爾（Henri Lerambert, 約1550-1609）所繪。

Der Doctor Schnabel von Rom
Vos Creditis, als eine fabel,
quod scribitur vom Doctor schnabel,
der fugit die Contagion
et autert seinen Lohn darvon,
Cadavera sucht er zu fristen,
gleich wie der Corvus auf der Misten.
Ah Credite, zihet nicht dort hin,
dann Romæ regnat die Pestin.
Quis non deberet sehr erschrecken
für seiner Virgul oder stecken,
qua loquitur, als wär er stumm
und deutet sein Consilium.
Wie mancher Credit ohne zweiffel
das ihn tentir ein schwartzen Teuffel.
Marsupium heist seine Höll,
und aurum die geholte seel.
I. Columbina. ad vivum delineavit.
Paulus Fürst. Excud
Kleidung wider den Tod zu Rom. Anno 1656.
Also gehen die Doctores Medici daher zu Rom, wann sie die, an der Pest erkranckte Personen besuchen, sie zu curiren und fragen, sich vor dem Gifft zu sichern, ein langes Kleid von gewärtem Tuch ihr Angesicht ist verlarvt, für den Augen haben sie grosse Crystalline Brillen, vor der Nasen einen langen Schnabel voll wolriechender Specerey, in der Hände, welche mit handschuhen wol versehen ist, eine lange Ruthe und darmit deuten sie, was man thun, und gebrauchen soll.

瘟疫醫生裝束

查爾斯·德·洛姆(Charles de Lorme, 1584-1678)

「生於中世紀的歐洲，算是不幸抽到歷史的下下籤，」健康政策專家傑基·羅森海克(Jackie Rosenhek)寫道。「迷信主導一切，苦難四處橫行……是長期飽受苦難的農奴日常。」當時百姓「總是疾病纏身，受飢餓所苦」，懼怕「上帝報復而遭天譴」，常英年早逝。

黑死病肆虐時，奪去了逾七千五百萬條人命，在歐洲約1350年疫情最為嚴重，瘟疫醫生便是當時治療窮人的特殊「醫師」。瘟疫醫生多半只受過一點訓練，但還是獲各地邀聘前來照顧患者、記錄死亡人數，有時還會助立遺囑。十七、十八世紀時，有些瘟疫醫生會戴上鳥喙面具，面具內塞滿薰衣草、玫瑰、康乃馨、薄荷、香料、樟腦、龍涎香、丁香、沒藥、醋等芳香植物。當時民智未開，致病細菌也尚未發現，民眾常把臭味跟「瘴氣」聯想在一塊，認為疾病是由瘴氣導致，而鳥喙面具散發出的香氣可抵禦疫病。可惜的是，瘟疫醫生對病患愛莫能助，不少人會以放血來治療，或將青蛙放在淋巴腺腫(腺鼠疫患者腫大的淋巴結)上。

1619年，法國醫師查爾斯·德·洛姆也作此駭人的鳥喙裝扮，身披一襲上蠟的長袍護體，面具上還有玻璃眼罩，頭戴皮製寬帽或兜帽。鳥喙中可塞稻草以過濾腐臭「惡氣」。瘟疫醫生會手持木杖，如此一來不用直接接觸病人也可檢查診斷。

德·洛姆享年九十六歲，活到如此高齡在傳染病肆虐的當時實在難能可貴，但他那身著名的裝束似乎無法遏止疫病蔓延。羅森海克寫道:「以鳥喙醫生聞名的人就像蒼蠅般，人見人避，幾乎一直與世隔離。他們如賤民般在鄉間市街徘徊流浪……直到聽聞無助家庭呼喚而去。」

另可參考:天啟四騎士(約70年)，黑死病(1347年)，猙獰的收割者(1424年)，掘墓人(1651年)，絕種(1796年)，安樂死(1872年)

這幅1656年左右的銅版畫由德國書籍及藝術商保羅．弗斯特(Paul Fürst, 1608-1666)出版，可能也出自其手。這幅畫描繪了勾嘴大夫(「鳥喙醫生」)，一名穿著當時盛行的保護裝束的羅馬瘟疫醫生。

孩童與人祭

想像一下你是即將成為人祭儀式祭品的印加孩童，因容貌姣好、肌膚無瑕而雀屏中選。在高聳的安地斯山（Andean mountain）上，絕命時刻來臨時，你會被強行餵食古柯葉，或灌下以發酵玉米製成的啤酒吉開酒（Chicha），最後被人放入狀似礦井的墳中活埋，在森冷冰寒中等待死亡降臨。你也可能被勒斃或頭遭重擊而死。

歡迎來到詭譎悚然的印加帝國。印加帝國為十三世紀在秘魯崛起的強大文明，這樣的人祭通常在諸如地震、國王駕崩、饑荒等重大事件發生之際舉行。1622年，西班牙作家、神父羅吉哥·荷南德斯·普希培（Rodrigo Hernandez Principe）寫下一則軼事，一名叫坦塔·卡華（Tanta Carhua）的十歲女孩，被帶到印加首都庫斯科（Cusco）覲見國王，接著便被押上山作為人祭的祭品，因此這篇記事時間也列為1622年。1990年代，在阿根廷的尤耶亞科山（Mount Llullaillaco）上挖掘到好幾具遭獻祭的印加孩童木乃伊，年紀從六到十五歲都有，因氣候酷寒，屍體保存完好。

其他美洲原住民文化也曾舉行孩童人祭。馬雅藝術品描繪了國王加冕或特殊場合時，孩童心臟被挖出的情景。托爾特克文明（Toltecs）遺跡曾發現遭砍頭的孩童屍骸。而阿茲提克人則會拿身受巨大苦痛的孩童來獻祭，因其淚可潤澤大地，有時還會將他們吃下肚。北美的波尼族（Pawnee）每年春季會舉行晨星祭（Morning Star），將抓來關若干月的年輕女孩作為祭品。波尼族相信她身上的箭傷之血可潤澤土壤，使其肥沃豐饒。1838年4月22日，一名十四歲的奧格拉拉科塔部落（Oglala Lakota）女孩海斯蒂（Haxti）成為波尼族最後的祭品。

另可參考：兵馬俑（約西元前210年），席巴巴（約西元前100年），鬼舞（1890年），神風特攻隊（1944年）

保存良好的「普羅莫木乃伊」（Plomo Mummy）是在1954年於安地斯山脈的普羅莫山頂（Cerro El Plomo）上發現的，經分析後得知這名五百年前被獻祭的年輕男孩來自富裕人家。這件複製品現展於智利聖地牙哥的國立自然歷史博物館（National Museum of Natural History）中，長伴孩童祭品的玩偶及紀念品亦如實呈現。

掘墓人

米蓋爾·巴瑞特（Miquel Parets, 1610-1661）

1651

米蓋爾·巴瑞特是一名活躍於巴塞隆納當地政治活動的製革工人，他的日記詳盡記載了1651年腺鼠疫大爆發時掘墓人的生活。巴瑞特形容推車穿梭城市間收集屍體，屍體常「從窗戶丟到街上」，掘墓人再將其裝上推車運走。掘墓人「彈著吉他、搖著鈴鼓四處遊蕩⋯⋯藉此忘卻滿目瘡痍，如此慘不忍睹的場景，回憶起來足令人想了卻殘生⋯⋯」推車裝滿後，掘墓人會將屍體埋在一座修道院附近、稱之為豆地的空地上。推車滿載不敷使用，便搬擔架來。掘墓人常常「背著死掉的嬰兒或染上瘟疫病重的孩童」。巴瑞特的妻子和三名子女也在這場瘟疫中喪生。

過去，許多文化視掘墓人為「不潔之身」。例如，在日本及印度，世人對掘墓人常避而遠之，或視而不見。在某些美拉尼西亞及玻里尼西亞國家，一旦觸及屍體，就必須有段時間不得碰食物。作家克麗絲汀·奎格利（Christine Quigley）認為基督徒打破了這些禁忌。「他們視屍體為遺物，發展出告別及埋葬的正式儀式，並允許神職人員及俗世百姓碰觸屍身，甚至無所懼地親吻死者。」

十八及十九世紀時，掘墓人因熟知埋屍地點及屍身腐化程度，有些人抵不住誘惑，會接受找尋解剖研究用屍體的盜賊賄賂。現今掘墓人則由志願者、死者親屬、臨時工、專業人士等擔任，在教堂庭院的墓地則由教堂司事負責。有些墳墓是拿鏟子來挖，在工業化國家常用鋤耕機挖墳。

另可參考：墓碑（約西元前1,600年），瘟疫醫生裝束（1619年），噬罪人（1825年），墓園（1831年），盜屍賊（1832年），斯瓦伯的《掘墓人之死》（1895年）

一名掘墓人捧著頭骨，骨頭主人是莎士比亞（1564-1616）名劇《哈姆雷特》中知名一幕的角色「可憐的弄臣約瑞科（Yorick）」。這幅1839年的畫作《在墓園的哈姆雷特和赫瑞修》（*Hamlet and Horatio in the Cemetery*）是由法國藝術家尤金·德拉克拉瓦（Eugéne Delacroix, 1798-1863）所繪。

THE LATE MR. R. W. THOMSON, C.E., OF EDINBURGH.

family seat in Nottinghamshire. fused the usual retiring pension. Ossington had married, in July, Lady Charlotte Cavendish Bentinck daughter of William, fourth Duke o land; but by his marriage had no His title, therefore, has become e Several of his Lordship's brothers eminence in their respective profe

The Portrait of Lord Ossington is photograph by Mr. Mayall, of street.

THE LATE MR. R. W. THOM

This distinguished Scottish engine inventor of the locomotive traction engine, with broad indiarubber tires driving wheels, for use on common also of the portable steam-crane a elliptic rotary engine, as well as of proved hydraulic floating dock; an of his inventions have, from time t been described in our Journal. He Edinburgh on the 8th inst., in the fif year of his age, having been born i at Stonehaven, where his father had lished a factory. In early youth he s great talents for mechanical scienc after spending two years of his boyh America, served a practical apprent in workshops at Aberdeen and Dund lowed by learning the profession of engineer at Glasgow, and subsequent his cousin, Mr. Lyon, builder of the Bridge at Edinburgh. He was em in the blasting of Dunbar Castle, that of Dover Cliff, where he first a the method of firing mines by elect He next passed into the employment Stephensons, as a railway engineer Eastern Counties. In 1852 he w Java, to erect the machinery of a plantation, which he greatly improve becoming a partner in the estate, r there till 1862, when he came hom settled at Edinburgh. The portr froma photograph by Mr. Peterso Copenhagen.

訃聞

約翰·尼可斯(John Nichols, 1745-1826)

死後世人是否會記得你生前種種?大部分人的生平事蹟通常都不會被刊登在《紐約時報》的訃聞版面,也不會被電視新聞主播拿來當話題侃侃而談。或許你的子孫心中會殘存一絲關於你的回憶,但那回憶遲早會消逝,如餘火燃盡,也可能會遭撲滅,被拋諸九霄雲外。

訃聞(拉丁字根obitus,意思是「離開」或「死亡」)通常是刊在報紙上、記載最近逝世之人一生的文章。當然,死亡通報和資訊早在報紙問世前就已存在。例如,在歐洲國家,有時會敲響喪鐘通知有人過世,喪禮公告則會貼在房屋窗上。另外,許多中世紀社區教堂會發訃告通知死訊,有時訃告上還會有死者頭銜、門第、出身等資訊,聖堂參事會上紀念禱告時可供民眾觀看。

倫敦《紳士雜誌》(創辦於1731年)算是現代期刊刊登訃聞的始祖之一,尤其在1778年左右約翰·尼可斯當上總編的期間,更成了之後發行的期刊爭相仿效的楷模。訃聞不但反映出各文化對往生者的看法及追悼,也透露了男女所扮演的社會角色,研究者可由此得到不少寶貴資訊。據教育家珍妮絲·休姆(Janice Hume)所言,訃聞「凝聚社會意識,強調個人的重要性,藉此促進社會安和樂利」。

今日訃聞仍未退流行。《雪梨晨鋒報》(*Sydney Morning Herald*)前總編輯大衛·鮑曼(David Bowman)說:「時代動蕩不安,讀了訃聞,可知道他人是如何咬緊牙關度過一生,藉此為自己打氣。畢竟最令人動容的訃聞是捕捉生之光華,無關乎死亡。」

另可參考:墓誌銘(約西元前480年),死亡證明書(1770年),臨終遺言(1922年)

蘇格蘭發明家羅伯特·湯森(Robert Thomson, 1822-1873)的訃聞,1873年3月29日刊於世界第一本有插畫的週刊雜誌《倫敦新聞畫報》上。湯森以發明輪胎和蒸汽引擎相關的產品而聞名。

MORS
RERUM
Andr. Stoc.

解剖

霍亨斯陶芬王朝腓特烈二世（Federick II of Hohenstaufen, 1194-1250）．喬瓦尼．莫爾加尼（Giovanni Morgagni, 1682-1771）．卡爾．馮．羅基坦斯基（Carl von Rokitansky, 1804-1878）．魯道夫．菲爾紹（Rudolf Ludwig Karl Virchow, 1821-1902）

「我死後，希望你解剖我，」拿破崙對他的御醫說。「寫份詳細的報告給我兒子，要他接受治療或注意養生，以免跟我一樣受苦……千萬不可大意，因為我父親死前的症狀跟我十分相似。」拿破崙一直受嘔吐發燒所苦，死後解剖發現他罹患了胃癌。

解剖是為查死因而仔細檢驗屍體的醫學程序。1240年，神聖羅馬皇帝腓特烈二世頒布法令允許人體解剖，為歐洲最悠久、最知名的相關法令之一。義大利解剖學家喬瓦尼．莫爾加尼在解剖時發現器官病變和症狀之間的關聯，因而聲名大噪，並在其1761年的著作《論疾病所在及原因》（*De sedibus et causis morborum*）中發表了上百篇報告，詳述心血管疾病、肺炎及各種癌症等疾病。波西米亞醫師卡爾．馮．羅基坦斯基則以嚴謹的方法解剖了成千上萬具屍體，使解剖學成了醫學的一科。德國病理學家魯道夫．菲爾紹則認為顯微鏡對研究解剖組織至關重要。

現今醫師解剖時，會在屍體前方切下一大切口，先將許多器官一併拿出，切開主要的血管檢視，有時可從胃腸內容物中判定死亡時間。醫師會用史賽克開顱電鑽（Stryker electric saw）切開頭骨，一覽大腦，也會用電子顯微鏡、放射學、毒物學（用來測毒）等特殊技術來檢視。

解剖結果常發現誤診，也常無意間發覺死因，但或許是因為醫師怕吃上誤診官司，自1960年左右，西方國家解剖數目便逐漸銳減。解剖率因國家和宗教而異，一般而言，在猶太教及伊斯蘭教解剖並不風行。

另可參考：火化（約西元前20,000年），木乃伊（約西元前5050年），死亡證明書（1770年），盜屍賊（1832年），屍體防腐術（1867年），人體冷凍技術（1962年）

《解剖課》（*The Anatomical Lecture*），由荷蘭畫家及雕刻師雅各．德．戈恩二世（Jacob de Gheyn II, 約1565-1629）所繪。

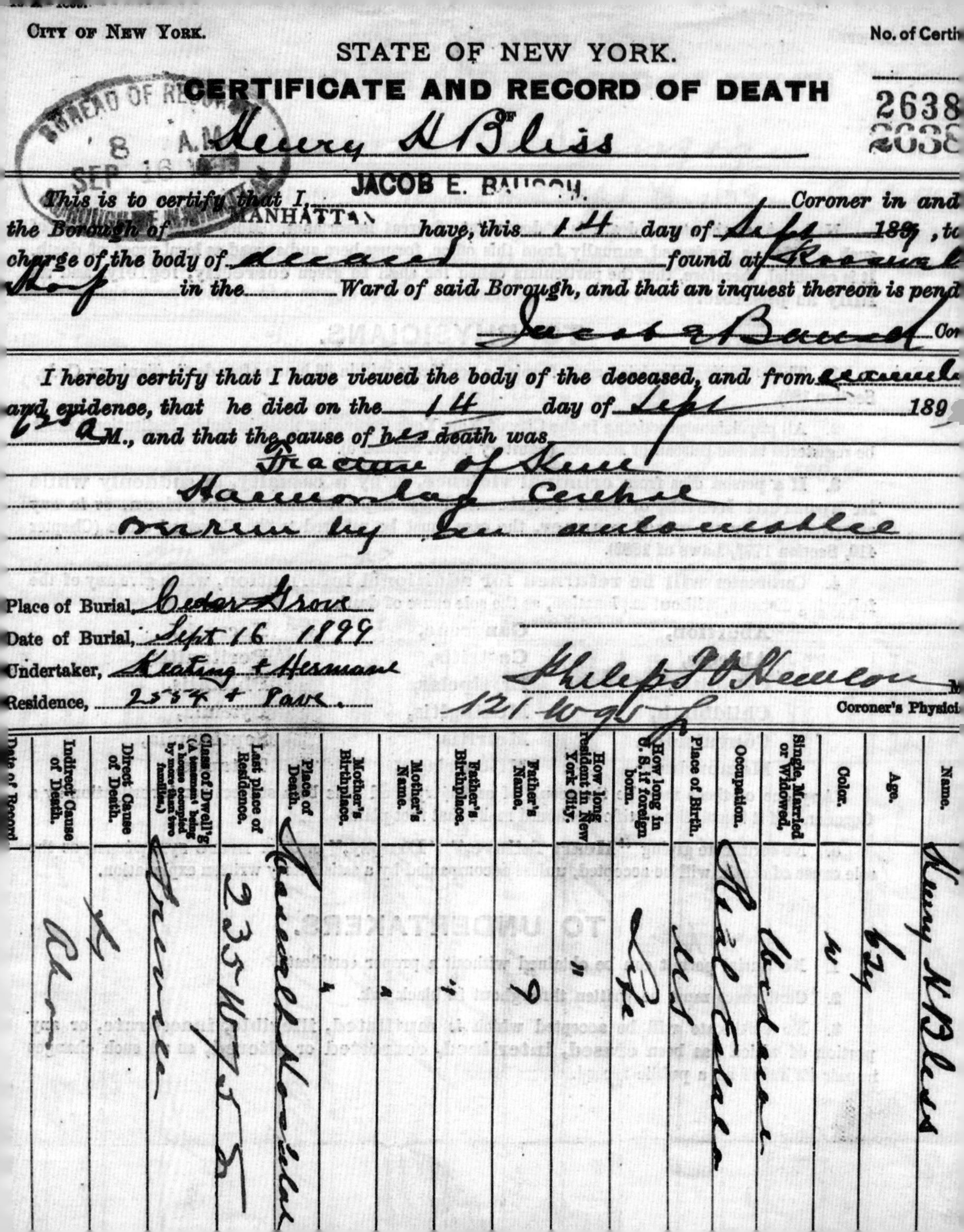

CITY OF NEW YORK. No. of Certi[ficate]

STATE OF NEW YORK.

CERTIFICATE AND RECORD OF DEATH

OF Henry H Bliss

2638

2638

This is to certify that I, JACOB E. BAUSCH, Coroner in and [for] the Borough of MANHATTAN have, this 14 day of Sept 1899, t[ook] charge of the body of deceased found at [illegible] Shop in the ——— Ward of said Borough, and that an inquest thereon is pend[ing]

Jacob E Bausch, Co[roner]

I hereby certify that I have viewed the body of the deceased, and from [examination] and evidence, that he died on the 14 day of Sept 189[9] 6.30 a M., and that the cause of his death was Fracture of Skull Haemorrhage Cerebral run by an automobile

Place of Burial, Cedar Grove

Date of Burial, Sept 16 1899

Undertaker, Keating & Hermann

Residence, 25?4 & Pave.

Philip F O'Hanlon M[.D.]

121 W 95

Coroner's Physici[an]

Name.	Age.	Color.	Single, Married or Widowed.	Occupation.	Place of Birth.	How long in U.S. if foreign born.	How long resident in New York City.	Father's Name.	Father's Birthplace.	Mother's Name.	Mother's Birthplace.	Place of Death.	Last place of Residence.	Class of Dwell'g (A tenement being a house occupied by more than two families.)	Direct Cause of Death.	Indirect Cause of Death.	Date of Record
Henry H Bliss	69	W	Widower	Real Estate	U.S.	Life	"	?	"	"	"	Hospital	235 W 75 St	Private	"	Char.	

死亡證明書

「這是醫師最後所能盡的綿薄之力，雖然患者早已過世，對此一無所知，」羅倫斯·奧特曼（Lawrence Altman）醫師言下指的是對社會助益良多的死亡證明書。有了死亡證明書，便可「以此為依據，申請人壽保險金及處理遺產。現代基因科學突飛猛進，倖存者和死者後代也可藉此得到重要資訊。另外，世人亦能藉此更進一步了解疾病、意外及其他致死原因……」

在美國，一旦醫師開立了證明此人死亡的文件，死亡證明書便生效。當地負責的政府機關收到證明書後，再將資料傳送至人口動態統計登記庫。死亡證明書上載有死亡日期、地點、直接死因及其他致死原因等資訊，遺體下葬或火化前可能有用處。一般而言，為防不肖人士刻意隱瞞謀殺案，死亡證明書需由受過相關訓練的人士來填寫。

1800年代之前，在美國及歐洲下葬記錄通常是教堂負責保管，到後來當地政府才核發死亡證明書。1770年，佛蒙特州（Vermont）搶得頭香，為美國最早開始實施死亡證明書登記機制的一州，新罕布夏州（New Hampshire）也於1840年跟進。

公共衛生官員可參考死亡證明書來找出疾病徵兆，如是否罹癌等。但不幸的是，美國研究發現，死亡證明書上的死因常出錯，可能是住院醫師訓練不足，或雖不熟悉病患但不得不寫下死因使然。寫下死因是「心搏停止」也無所助益，因為只要人一死，心跳就會停止。細查死因，才能察覺疾病及暴力趨勢。外科醫師芭芭拉·韋克瑟曼（Barbara A. Wexelman）向社會大眾宣導死亡證明書的重要性：「多虧有這些病患，我們才能精準記錄他們的死因，才能幫助仍在世的人。」

另可參考：墓誌銘（約西元前480年），訃聞（1731年），解剖（1761年）

亨利·布利斯（Henry H. Bliss, 1830-1899）的死亡證明書。他是美國第一位死於車禍的人。他從紐約市的有軌電車走下時，被一台電動計程車撞個正著。

2
3
3
4
6
10
11
9
12
14
8
5

斷頭台

安東·路易斯(Antoine Louis, 1723-1792)·約瑟夫·伊尼亞思·吉約丹(Joseph-Ignace Guillotin, 1738-1814)·尼可拉斯·賈克斯·佩勒提耶(Nicolas Jacques Pelletier?-1792)·哈米達·狄安都比(Hamida Djandoubi, 約1949-1977)

「我親手打造的機器，眨眼間便可斷頭落地，受害者毫無知覺，只會感到一陣涼意，」約瑟夫·伊尼亞思·吉約丹醫師於1789年向國民議會慷慨陳辭。「諸君別再躊躇不定，趕緊從善如流吧。」刀放即落的斷頭台，乃舉世聞名的斬首工具，雖然並非吉約丹醫師所發明，但此人道處決方法經他大力推廣後，一直在法國廣為所用。直到1977年，從突尼斯移民來的殺人犯哈米達·狄安都比被定罪斬首後，才遭淘汰。

早在斷頭台發明之前，也出現過類似的斬首裝置，像是英格蘭的「哈利法克斯刑架」(Halifax Gibbet)、蘇格蘭的「處女式斷頭台」(Maiden)及義大利的「馬納伊亞斬首架」(Mannaia)。犯罪法庭官員拉昆塔(Laquiante)協同工程師托比亞斯·須密特(Tobias Schmidt)及外科醫師安東·路易斯，合力設計出法國斷頭台的原型，在1792年，首先拿罪犯尼可拉斯·賈克斯·佩勒提耶開刀。其後法國恐怖統治期間，當局無端大開殺戒，陸陸續續處決了至少一萬六千人。慘遭斬首的人從貴族、知識分子、政客到平民，無一倖免。自1933年至1945年間，在納粹德國和奧地利也有一萬六千人魂喪斷頭台下。

試想把脖子放在滿布血漬的斷頭台上，耳邊傳來沉重的刀斧轆轆落下聲，真是令人不寒而慄。斷頭台尚未問世前，法國處決人犯的手法更令人膽寒，不是以劍斧砍頭(有時還得揮刀數次才砍得斷)，就是施以絞刑(可長達數分鐘之久)或車裂(將犯人以刀刃分屍，或將其五馬分屍)。而最嚴厲酷刑通常都落在窮人頭上。

在法國，處刑乃廣受大眾歡迎的娛樂，父母會興高采烈地帶孩子一起去看好戲。「當時斷頭台潮流席捲法國，」作家傑佛瑞·艾伯特(Geoffrey Abbott)如此寫道。「玩具製造商推出斷頭台小模型供孩子把玩……斷頭台形狀的銀色耳環及胸針也在巴黎年輕女士間蔚為風行。」

另可參考：死刑(約西元前1772年)，電椅(1890年)，大屠殺(1944年)

法國政治領袖馬西米連·羅伯斯比(Maximilien Robespierre)及其支持者於1794年被送上斷頭台，法國大革命後隨之降臨的恐怖統治時期，也就此畫下句點。

DoDo & Given
by G. EDWARDS
F.R.S.

絕種

喬治·居維葉(Jean Leopold Nicolas Frederic [George] Cuvier, 1769-1832)

1796

物種通常是「悄然無聲」從世上消失，除了像別名塔斯瑪尼亞虎的袋狼那樣的罕例之外，我們都無法得知其「終止期」。1936年9月7日，最後一匹袋狼死於塔斯瑪尼亞荷伯特動物園（Tasmanian Hobart Zoo），死因是園方疏於照料，袋狼從此絕種。生物學家愛德華·威爾森（Edward O. Wilson）推測，本世紀結束前，近半數現今存活的動植物都會因棲息地遭毀、污染、氣候變遷及其他因素而滅亡。

1796年，法國博物學家喬治·居維葉發表了一篇論文，探討從諸多化石研究所得的結果，還在文中提出動物會因週期性洪水災難而滅絕，此觀點在當時算是相當驚世駭俗。數千年來，生態環境劇變，全球災患頻仍，生物間競爭激烈，林林總總的因素造就物種消長。一般物種在出現後，過了一千萬年左右通常就會滅絕，但不同物種的存活時間也天差地遠。例如，世人原本以為腔棘魚早在數百萬年前便已絕跡，但牠卻在1938年現身非洲海岸。

科學家認為地球生命史上至少發生過五次大滅絕，在這些大滅絕中，生命會驟然大規模減少，而跡象通常是巨觀（如肉眼可見的）生物多元性產生劇烈變化。例如六千六百萬年前，地球上近四分之三種動植物在白堊紀—第三紀（Cretaceous-Tertiary, K-T）大滅絕中消失殆盡，其中包括陸行恐龍。此大滅絕可能是因大彗星或小行星撞擊地球，光照銳減所致。當然大滅絕也非全然有害，要是沒發生白堊紀—第三紀大滅絕，人類和其他許多哺乳類動物就無從進化起了。

另可參考：黑死病（1347年），鬼舞（1890年），種族大屠殺（1944年），宇宙之死（一百兆年之後）

多多鳥畫像，由生於法蘭德斯（Flanders）的藝術家羅蘭．薩委瑞（Roelant Savery, 1576-1639）所繪。多多鳥是來自印度洋模里西斯（Mauritius）、不會飛翔的絕種鳥類。鳥類學家喬治．愛德華（George Edward）後來將此畫贈與大英博物館。

《雅各之夢》

斐洛（Philo of Alexandria, c.20 BCE-c.50 CE）．威廉．布萊克（William Blake, 1757-1827）

「孩童及畫家鍾愛的雅各天梯意象多端，自古以來聖經詮釋者大肆渲染、擅下各種比喻，也是聖歌作曲家靈感的繆思，但在《聖經》中卻僅提及一次。」《聖經意象辭典》（*Dictionary of Biblical Imagery*）編撰者認為上下走動的**天使**象徵「人類與上帝交流的兩種方式——接受上帝派下人間的使者，及渴望上**天堂**投入上帝的懷抱」。著名的雅各天梯出現在〈創世紀〉第二十八章（Genesis 28），雅各來到哈蘭（Haran）後所做的夢中：

> 他在夢中看見一座梯子在地上聳立，梯頂通往天堂，神的使者天使在梯上走上走下！上帝站在天梯上對他說：「我是耶和華，亞伯拉罕的神……我要將你現在所躺臥之地賜予你和你的後裔。」語畢，雅各醒了過來：「上帝果真與我同在……」然後他變得恐懼：「我所在之地是神的殿堂、天國的大門。」

幾世紀來，世人曾對雅各天梯做出諸多解釋，認為天梯代表人間和天堂之間的互動。猶太哲學家斐洛提出了幾種說法，其中之一表示梯上的天使可能象徵投胎和升天的靈魂，令人不禁聯想到**輪迴轉世**。《新約聖經》中，耶穌在告訴門徒「他們將會看見天國敞開大門，神的天使在人子身上上來下去」時，曾暗指雅各之夢（〈約翰福音〉第一章五十一節（John 1:51））。

這篇記載時間歸在1805年左右，當時英國詩人、畫家威廉．布萊克描繪雅各天梯的畫作問世，成了史上最膾炙人口、發人省思的相關作品之一。畫中，雅各躺在螺旋梯底下，天使在他身旁走動。

另可參考：輪迴轉世（約西元前600年），天使（約380年），比弗羅斯特（約1220年），《負傷天使》（1903年）

《雅各之夢》（約1805年），由英國畫家威廉．布萊克所繪。

T. Holst, del. W. Chevalier, sculp.

FRANKENSTEIN.

"By the glimmer of the half-extinguished light, I saw the dull, yellow eye of the creature open; it breathed hard, and a convulsive motion agitated its limbs.
*** I rushed out of the room."

Page 43.

《科學怪人》

喬凡尼·阿爾蒂尼(Giovanni Aldini, 1762-1834)·瑪麗·雪萊(Mary Shelly)·原名瑪麗·吳爾史東·戈德溫(Nee Mary Wollstonecraft Godwin, 1797-1851)

作家瑪麗·雪萊「想必一呱呱落地，周圍就死亡環繞，陰謀四伏，下著狂風暴雨，」有感於雪萊出生那晚倫敦下的那場大雷雨，生物學教授麥克·歌德曼(Michael Goldman)如此寫道。「自然哲學家孜孜不倦地研究如何駕馭電流，其他人卻覺得他們在褻瀆神明，惹得上帝發怒降下大雷雨。」雪萊的母親生下她後過沒幾天，便因產後感染辭世。

瑪麗·雪萊1818年出版的小說《科學怪人》又稱《現代普羅米修斯》(*The Modern Prometheus*)，故事主題多跟死亡脫不了關聯。小說主人公是一位名叫維克多·弗蘭肯斯坦(Victor Frankenstein)的科學家，他私闖屠宰場和墓園竊取不同屍體部位，拼湊出一頭怪物，再賜予它「生命的火花」。他思忖：「在我看來，生與死乃密不可分，須先突破瓶頸，傾注光芒照亮黑暗冥界，便可創造出全新物種……我認為若能賦予無機物生命，或許就能……令那些行將腐化的死屍復活。」雪萊在夢中靈感乍現，年僅十九歲就寫下這篇小說。當時學者為探討電流在生物學的角色及復生死亡組織的潛力，提出不少假說，令歐洲人嘖嘖稱奇。例如，1803年左右，義大利物理學家喬凡尼·阿爾蒂尼便曾在倫敦多次公然嘗試以電流復活死屍。

小說中的角色一一步入黃泉，死亡及毀滅無所不在。尤其是維克多將尚未完工的怪物伴侶一手摧毀，怪物(其實在書中從未以「弗蘭肯斯坦」稱之)一氣之下便殺了科學家的新娘伊麗莎白洩憤。維克多的所作所為，乃受自身對死亡的恐懼驅使，小說結尾他追怪物追到北極時，才明白死亡無可避免。維克多死後，可憐的怪物悲慟欲絕，立誓要死在火葬堆上追隨造物主而去，將所有自己曾存在過的痕跡也連帶一併抹去。

另可參考：泥人(1580年)，安樂死(1872年)，電椅(1890年)，洛夫克拉夫特的幽靈人種(1922年)，超人類主義(1957年)

1831年出版的《科學怪人》卷首插圖，由寇本班利出版社(Colburn and Bentley)在倫敦出版。

吸血鬼

瓦倫幾亞王子弗拉德三世（Vlad III, Prince of Wallachia, 1431-1476），約翰·威廉·波里道利（John William Polidori, 1795-1821），亞伯拉罕·「伯蘭」·史杜克（Araham “Bram” Stoker, 1847-1912）

1819

「他們蟄伏黑暗中伺機以待，虎視眈眈，飢腸轆轆，」作家強納森·馬伯瑞（Jonathan Maberry）若有所思說道。「在無數宗教中，教堂和寺廟的聖職人員都曾告誡過世人，邪惡怪物無所不在，企圖誘使人類墮落走向毀滅，得小心提防。」古希臘有在夜間獵食小孩的怪物拉米亞（Lamia），巴比倫人則有吸食嬰兒之血的女妖利利圖（Lilitu）。

自古以來，亡魂（幽靈或重出墳墓的殭屍）形態多端，但今日吸血鬼一詞通常指的是傳說中吸食人血的怪物。現代吸血鬼魅力十足的形象可追溯至1819年英國醫師作家約翰·波里道利的小說《吸血鬼》（*The Vampyre*）。1897年，愛爾蘭劇場經理、小說家伯蘭·史杜克寫下了著名的哥德式恐怖小說《德古拉》（*Dracula*），其筆下主角的幾項特質，還是參考十五世紀、人稱穿刺魔弗拉德（Vlad the Impaler）的羅馬尼亞王子。1700及1800年代的新英格蘭，吸血鬼傳說甚囂塵上，民眾深信不疑，有的人甚至還掘出家人屍體，挖出心臟，以免將惡疫及死亡傳染給活人。

或許現代人是因為看了口鼻冒血水、發出呻吟的腫脹屍體（因屍體在腐化過程中釋放累積的氣體），才作此遐想。染上狂犬病的人或動物會畏光、性慾過盛，還有想咬人的衝動，若一般人遇上，更會對吸血鬼一說確信不疑。歷史學家艾瑞克·強森（Eric Johnson）認為，「斯拉夫人和歐洲人的吸血鬼神話有共通之處……從這些傳說，我們可了解在科學醫學尚未發明前，世人對死亡、腐化、疾病傳染等大自然事件的認知，也看到了基督教社會對人類與動物之間界限模稜兩可這件事，感到相當焦慮。」

另可參考：棺材（約西元前4,000年），《科學怪人》（1818年），鬼臉天蛾（1846年），殭屍（1968年）

《吸血鬼》（1895），由挪威畫家孟克（Edvard Munch, 1863-1944）所繪。

噬罪人

1825

自古以來，許多文化都相信亡靈會受困某處、不由自主徘徊不前，或因罪孽深重而受苦，永不安寧。在英格蘭、蘇格蘭及威爾斯的一些地方，會以噬罪這樣的詭異儀式來求解困，直到1800年代晚期此儀式才不再舉行。噬罪人通常由窮人擔任，收下一筆小錢後，會守在屍體旁吃麵包、喝麥芽酒，酒食不是擺在死者胸上，就是由旁人從屍體上方遞過來。作一番禱告後，噬罪人即帶著逝者的罪惡離開。

食物象徵死者的罪愆，一旦洗淨一切罪惡，死者便可安息進入天堂。吃下死者之罪的噬罪人，來世岌岌可危，有時還會遭人迴避。隨著吞下肚的罪愆越積越多，噬罪人受的「污染」也益發嚴重，越令人厭惡。

噬罪儀式實際的情形為何，是否隨口耳相傳而逐漸美化，我們無從得知，但可從不少故事一探究竟，例如伯川・帕可（Bertram S. Puckle）便曾在著作《葬禮習俗》（*Funeral Customs,* 1926）中提到：「喀麥登（Carmarthen，威爾斯）普斯比特瑞安學院（Presbyterian College）的伊凡斯教授（Evans）曾在1825年親眼見過噬罪人……迷信的村民視噬罪人為不潔之身，對其深惡痛絕，於是擇善固執的噬罪人只好與世隔絕，離群索居。若無意間遇到他，村民會像見到痲瘋病患者般連忙閃躲。只有在有人去世時，村民才會去找他，待完事後，再將用來盛食、接觸過死者屍身的木碗木盤燒個精光。」

另可參考：通靈術（約西元前850年），地獄（約西元前400年），幽靈（約100年），掘墓人（1651年），鬼臉天蛾（1846年）

特拉佐蒂奧托（Tlazolteotl）雕像。她是阿茲提克文化中的噬罪女神，據說會「吃下其髒污」來淨化亡魂，也會原諒荒淫無度之行。

墓園

「1831年以前，美國沒有墓園，」記者羅貝卡·格林菲爾（Rebecca Greenfield）寫道。「並非美國人無埋葬死者的習慣，而是不見一大片現代化的墓地。但自從麻薩諸塞州劍橋的大墳場奧本山墓園（Mount Auburn Cemetery）完工後，墓園便如雨後春筍般崛起。」 1831

早在三萬五千年至十三萬五千年前間的舊石器時代，尼安德塔人便曾戒慎恐懼地將已故亡人埋在地底下，從那時開始，人類就知埋葬或安置死者。在約一萬三千年前的新石器時代，地中海東岸的納圖芬人會搭石屋作墳墓，而耶律哥（Jericho）的新石器時代先祖則會將死者埋在屋子下方。古埃及人會在城市外圍打造宛如亡者之城的大墓地。昔日印第安人有時會將死者安放在泥土堆成的墳墩中，以前的羅馬基督徒則會蓋地底墓室或地下墓穴來安置死者。伊拉克的和平谷公墓（Wadi Al-Salaam）埋有上百萬具屍骸，為世界上最大的墓園。

現代人口中的墓園一詞源於古希臘文，意指「安眠之地」，常拿來稱像公園一樣、專為埋葬用的土地。墳場則與之有所區別，指的是祭禱堂旁的空地，如教堂墳地。十八、十九世紀時，不少當地民眾擔心受傳染病波及，害怕空間不足，於是擁擠的墳場便逐漸式微。1830年後，美國人開始到如公園般的墓園郊遊野餐，今日墓園裡有時還會佇立著壁龕牆，內置裝有火化後的骨灰的甕。

生死夾縫間的墓園，令史丹佛教授基斯·艾格納（Keith Eggener）十分著迷：「我們能深入了解死者、激化情感。生與死如天懸地隔，於此交會，是返璞歸真，也是文化的展現。我們不僅是為了向死者致意才進行墓葬，更藉此將死者隔絕於生者的國度之外……因此墓園才總是建於郊區。」

另可參考：火化（約西元前20,000年），納圖芬陪葬花（約西元前11,000年），墳墩（約西元前4000年），墓碑（約西元前1600年），維京船葬（834年），掘墓人（1651年），死亡主題觀光（1996年年）

這尊天使雕像位於義大利熱內亞（Genoa）的斯塔列諾公墓（Monumental Cemetery of Staglieno），提醒訪客要心懷敬意，保持安靜。這座墓園是歐洲數一數二大的墓地，在1835年獲准興建，1851年正式完工。

SACRED

盜屍賊

威廉·哈維（William Harvey, 1578-1657）·威廉·伯克（William Burke, 1792-1829）

歐洲文藝復興時期的學者認為，不能光依古醫學典籍照本宣科，必須解剖人體才能精進醫學知識。十六、十七世紀，義大利在解剖學領域獨佔鰲頭，但到了1800年代，便由解剖學和醫學研究傑出的倫敦及愛丁堡等地專美於前。

當時的外科醫師，為磨練下刀及解剖技巧，還不得不壓抑對手足至親的情感。例如，以釐清血液循環機制聞名的英國醫師威廉·哈維，便曾解剖了親妹妹和父親。1800年代初期的英國，由於規定只能使用遭處死的犯人的屍體進行解剖，屍體供不應求，迫使解剖學家不時得勾結盜屍賊，好取得樣本。因此，蘇格蘭還出動了棺環、護墓框架及墓屋來杜絕竊盜。

1832年，英國議會通過了〈解剖法〉（Anatomy Act），允許醫師用無人領回的屍體進行解剖，首當其衝的便是那些無以為繼、求濟貧院收容、最後死在那裡的窮人的屍體。這些盜屍賊為了醫學研究而挖墳擾民，怨聲載道四起，議會才起草這條法案。1828年，威廉·伯克和威廉·海爾（William Hare）兩人在愛丁堡絞死了至少十六名受害者，再將其屍體賣給解剖學家，這樁慘劇更加速此法案通過。

但不少民眾認為未經同意擅自取用窮人屍體不公不義，因而對這條法案心生怨懟。由於1832年前，解剖被視為懲罰犯人的一種手段，此法看似是在懲處窮人。有些宗教人士覺得屍體不應遭褻瀆，便將摯愛親友安置於鉛棺中，直到審判日來臨屍體復活。法案通過後，群眾暴動，導致幾棟醫學院建築遭毀損，不過倒是有效遏止了盜屍賊獲取暴利的勾當。

另可參考：復活（約30年），掘墓人（1651年），解剖（1761年），〈猴掌〉（1902年），洛夫克拉夫特的幽靈人種（1922年）

這幅盜屍賊插圖是由英國藝術家海布羅．奈特．布朗（Hablot Knight Browne, 1815-1882）所繪，刊載於《犯罪編年史》（*The Chronicles of Crime*, 1887）上。

過早埋葬

愛倫·坡(1809-1849)·威廉·泰布(William Tebb, 1830-1917)

美國恐怖小說家愛倫·坡在〈過早的埋葬〉(1844)寫下,「人生於世,肉體及心靈最大的恐懼,莫過於未死先葬。周遭死寂如深海,肺部受著壓迫,令人難以忍受……加上想到地面空氣新鮮、綠草如茵,回憶起往日摯友……種種思緒襲上心頭,心臟卻仍跳動著,如此無以名狀、無法承受的恐怖,就連膽大包天的人也不敢去想像。」

十九世紀中期,挖墳開棺卻見屍體似乎有嘗試脫逃的跡象(如指甲磨損及棺材上的抓痕)之說時有所聞,也經不少報紙報導。當時過早埋葬的風險令愛倫·坡心生恐懼,也激發了他的靈感。例如,〈厄舍府的沒落〉(The Fall of the House of Usher, 1839)描寫了一名蓄意將尚有一絲氣息的妹妹埋葬的男子精神崩潰的過程。最後,一個風雨交加的夜晚,她從墳墓中逃出,闖進他的臥室,結果兩人都一命嗚呼。在〈阿蒙蒂亞度酒〉(The Cask of Amontillado, 1846)中,敘述者將同事帶到一座地下墓穴,將他拴在牆上,以石頭和灰漿封住,困在牆壁凹處。

有些過早埋葬的案例是假的,但昔日傳染病肆虐,往往將病人草草埋葬,「看似死亡」並不罕見。1896年,商人威廉·泰布協力創辦倫敦活葬預防協會,呼籲大眾改革埋葬程序,建議等屍體腐化後再埋葬。1800年代還推出為防止過早埋葬意外而設計的「安全棺材」。安全棺材附有空氣流通的管子,還有鈴鐺用來提醒行經地面的路人底下有動靜。

過早埋葬一詞也可指為折磨及處決而刻意將人活埋。例如,在古羅馬,要是維斯塔貞女(Vestal Virgin)破戒失去處子之身,便會遭活埋於地底密室中,只留幾天份的水糧。中國人也會藉活埋來懲處折磨人,像是在長平之戰(西元前260年)和鉅鹿之戰(西元前207年)告終之際,便有成千上萬的戰俘遭活埋。近代的例子則有1937年至1938年間、日本軍活埋中國百姓、腥風血雨的南京大屠殺。

另可參考:棺材(約西元前4000年),掘墓人(1651年),〈烏鴉〉(1845年),心肺復甦術(1956年),溫蒂妮的詛咒(1962年)

《活葬》(1854),由比利時畫家安東·維爾茲(Antoine Wiertz, 1806-1865)所作。

MR HENRY LUDLOWE
IN
THE RAVEN

THE LOVE STORY OF EDGAR ALLAN POE
DIRECTION
HAZELTON & NORTH BY GEORGE HAZELTON

<烏鴉>

愛倫·坡(1809-1849)

「生與死之間的界限模糊不清，難以捉摸，」愛倫·坡在〈過早的埋葬〉中如此寫道。「誰能斷定何為始、何為終？」以驚悚恐怖小說聞名的美國作家愛倫·坡，戰戰兢兢以筆墨探索了充斥死亡、哀悼及埋葬的國度，「現代」小說作家中無人能出其右。1845年，愛倫·坡出版了詩作〈烏鴉〉(The Raven)，詩中描寫痛失摯愛蘭諾(Lenore)的男子和一隻烏鴉的奇妙際遇。作了此詩後，他雖變得小有名聲，卻依舊兩袖清風。

〈烏鴉〉一詩中不時可見對來世的隱喻。敘述者一度感受到天使降臨，猜想或許是上帝的神蹟，還說烏鴉是「來自黑夜冥王之彼岸」。此處的冥王指的是經典神話中主宰冥府之王黑帝斯的別名布魯托(Pluto)。

愛倫·坡在1846年寫道：「美女之死無疑是世上最具詩意的主題。」遺憾的是，他自己的妻子在這首成名詩作出版後兩年，便因肺結核病過世。在他早年的短篇小說〈麗姬亞〉(Legeia)中，主人翁美麗聰明、披著一頭烏黑秀髮的妻子不幸去世，後來竟在他為第二任妻子守夜時復活返家。

英國文學作家傑洛德·甘迺迪(J. Gerald Kenney)說：「雜誌和禮物書濫情地描繪死亡，但愛倫·坡卻以崩潰、肢解、腐爛等場景，顛覆死亡樣貌。游移在原始焦慮及無止境的鬱悶間、混沌未明的情緒，在他的詩作和故事中變得鮮活明朗。」愛倫·坡筆下關於死亡的作品多不勝數，在〈弗德馬先生案例的真相〉(The Facts in the Case of M. Valdemar, 1845)中，敘述者轉述了發生在弗德馬先生身上的「真實」事件。他被人催眠，以為自己已死，徘徊在陰陽兩界間長達數月之久。最後敘述者試著喚醒弗德馬未果，還導致他身體腐化而亡。故事結尾，「眾目睽睽下，床上只剩一灘噁心的腐水。」

另可參考：孩童與人祭(1622年)，過早埋葬(1844年)，鬼臉天蛾(1846年)，《伊凡·伊里奇之死》(1886年)，洛夫克拉夫特的幽靈人種(1922年)

此為1908年《烏鴉：愛倫．坡羅曼史》(*The Raven: The Love Story of Edgar Allan Poe*)這齣戲的海報，由演員、劇作家小喬治．寇卻恩．海奏頓(George Cochrane Hazelton, Jr., 1868-1921)編寫而成。

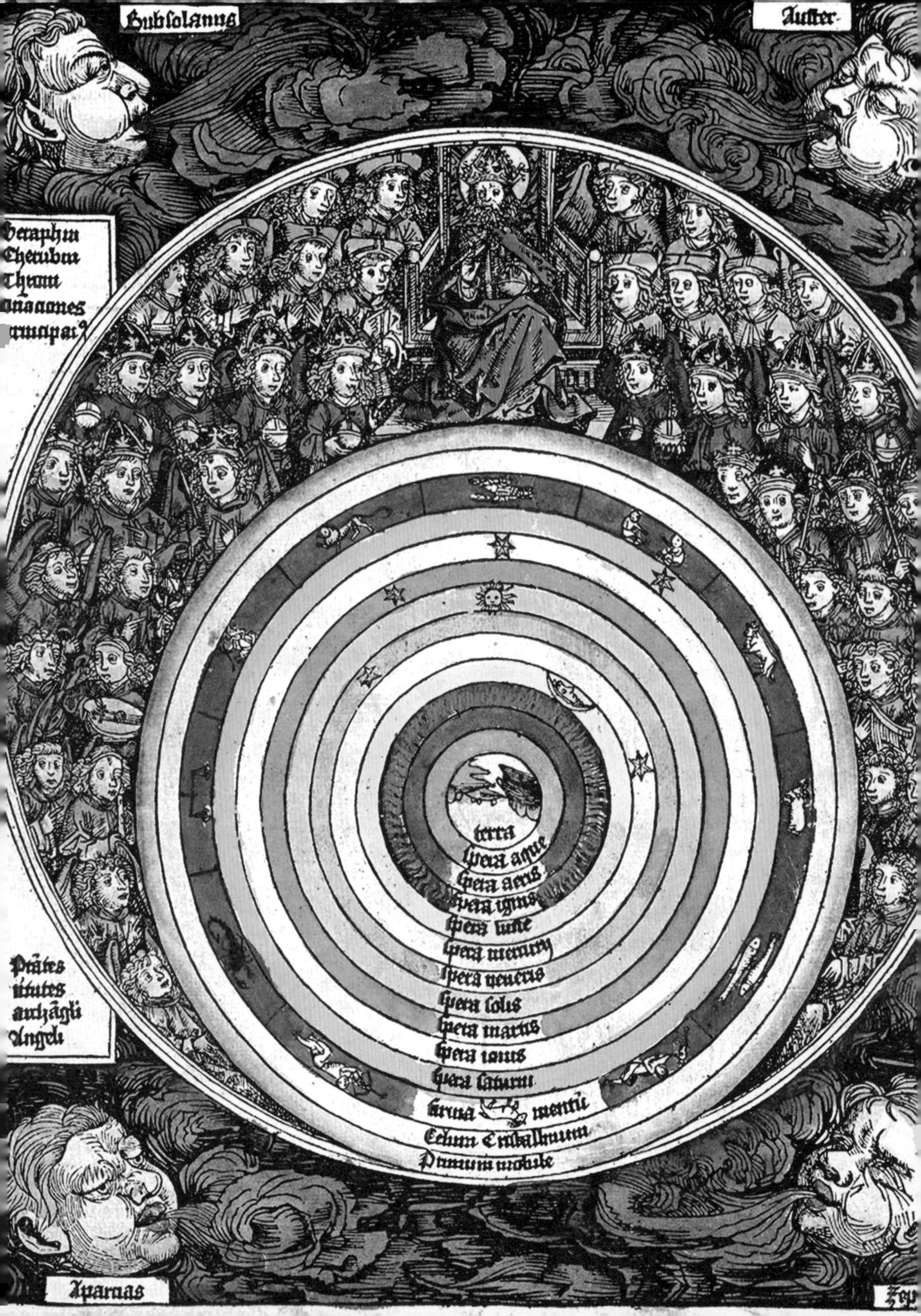

Subsolanus
Auster
Cherubin
Throni
Potestates
Virtutes
Archangeli
Angeli
terra
spera aque
spera aeris
spera ignis
spera lune
spera mercurii
spera veneris
spera solis
spera martis
spera iouis
spera saturni
firma mentu
Celum cristallinum
Primum mobile
Aparcias

1845

夏日樂園

伊曼紐·斯威登堡（Emanuel Swedenborg, 1688-1772），
安德魯·傑克森·戴維斯（Andrew Jackson Davis, 1826-1910）

「波基普西（Poughkeepsie）預言家」安德魯·傑克森·戴維斯是先知，也是治療師。在信徒眼中，他的地位可與瑞典科學家、基督教神祕主義者、哲學家、神學家伊曼紐·斯威登堡並駕齊驅。1845年，戴維斯以「夏日樂園」這一自創新詞來命名來世的世界。他稱人死後靈魂會來到充滿層層關界的來世。情感、品性、興趣相似的靈魂會聚在同一處。為尋求靈性知識、精進自我，靈魂可一一穿越層層關界，最後來到神的領域。

到目前為止，還沒有靈魂能超越第二層關界，但是待所有靈魂都登上第六層後，上帝（住在第七層）會創出全新的宇宙，靈域的層層關界也會汰舊換新，原本第六層的靈魂就會來到新的第二層。戴維斯寫道：「不死的生命無法容忍靜止不前，因此靈魂沒有所謂的最終歸屬，會一直永遠向前行進，與周遭環境和諧共存，所以算是永遠居住在天堂。」

他在《大和諧境界》（*The Great Harmonia,* 1852-1866）中解釋：「靈魂離世後……登上靈域第二層，在此所有靈魂會受天使誡律洗滌，卸除肉身和精神缺陷……當所有靈魂都前往第二層後，宇宙中形形色色的俗世和星球都不再有人居住，地表變得一片死寂。」

在《前往夏日樂園的祕訣》（*A Stellar key to the Summer Land,* 1867）中，戴維斯寫：「仔細觀察夏日樂園的地貌後，我發現恆久點綴此地的肥沃土壤、怡人果園、葡萄園及花叢，都是由從前在人體中的粒子組成！」佛教的**輪迴轉世**認為萬物息息相關，生生不息，夏日樂園的概念與此有異曲同工之妙，後來也為神智學教（Theosophists）和威卡教（Wiccans）等現代異教所沿用。

另可參考：天堂（約西元前2400年），極樂淨土（約西元前850年），輪迴轉世（約西元前600年），降靈會（1848年）

數千年來，人類一直揣測著天堂和來世的樣貌。安德魯·傑克森·戴維斯的「夏日樂園」是由一層層的關界所組成，類似這幅聖經七天創世紀圖，插圖出自德國歷史學家、醫師哈特曼·舍德爾（Hartmann Schedel, 1440-1514）的著作《紐倫堡編年史》（*The Nuremberg Chronicle,* 1493）。

鬼臉天蛾

安涅絲·莫哥齊（Agnes Murgoci, 1875-1929）·愛倫·坡（1809-1849）·
麥克·馬傑羅斯（Michael Majerus, 1954-2009）

1846

翅展約四、五英寸（十一點五公分左右）的鬼臉天蛾，長久以來都被視作帶來不祥預兆的死亡使者。例如，1926年，英國動物學家、民俗學者安涅絲·莫哥齊在羅馬尼亞寫道：「一般認為人的靈魂多半會化身蝴蝶。在沃爾恰縣（Valcea），據說**吸血鬼**的靈魂會投胎轉世成鬼臉天蛾。因此若抓到鬼臉天蛾，一定要用針將牠釘在牆上，以免牠飛遠。」在伯蘭·史杜克的《德古拉》中，伯爵把蛾當作食物送去給有異食癖的瘋子蘭菲爾（Renfield）吃。在《沉默的羔羊》（*The Silence of the Lambs*）中，兇手會將鬼臉天蛾蛹塞入被害者口中。就連恐怖小說大師愛倫·坡也在其著作〈斯芬克斯〉（The Sphinx, 1846）中提到，「鬼臉天蛾斯芬克斯在甲冑上佩戴著死亡徽章，不時發出令人哆嗦的哭喊聲，嚇得百姓惶恐不已。」

鬼臉天蛾一詞包含鬼臉天蛾屬下的幾種蛾類，這種蛾受驚擾時會發出詭譎的響亮尖叫聲，背上長著如骷髏般的花紋，幼蟲遇敵會回咬自衛，還會襲擊蜂窩採食蜂蜜。鬼臉天蛾有三種（阿特羅波斯、拉刻西斯、怒河），有趣的是，每一種的名字都是來自希臘神話中與死亡息息相關之物。阿特羅波斯（atropos）是以剪斷生命之線奪人性命的女神，妹妹拉刻西斯（lachesis）的職責則是決定人的壽命，而怒河是隔絕人世與冥府黑帝斯的知名河流。

一般來說，自古以來鬼臉天蛾有時會被視為幽靈。要是有隻大鬼臉天蛾飛進垂死之人的房間內，就代表靈魂即將離體。英國昆蟲生物學家馬克·瑪傑羅斯說：「在匈牙利……闖入住宅的鬼臉天蛾是家中有人快要死去的預兆。法國人則相信若鬼臉天蛾翅膀的鱗片掉進眼中就會瞎掉。」

另可參考：黑帝斯（約西元前850年），猙獰的收割者（1424年），吸血鬼（1819年），噬罪人（1825年），〈烏鴉〉（1845年），《論死亡與臨終》（1969年）

鬼臉天蛾示意圖（鬼臉天蛾屬），出自於《歐洲著名蝴蝶集》（*Europe's Best-Known Butterflies*）的德國參考書。鬼臉天蛾長久以來都被視作帶來不詳預兆的死亡使者。

MISS MARGARETTA FOX.
MISS CATHARINE FOX
MRS FISH.

降靈會

瑪麗·陶德·林肯(Mary Todd Lincoln, 1818-1882)·阿爾佛雷德·羅素·華萊士(Alfred Russel Wallace, 1823-1913)·瑪格麗塔·福克斯(Margaretta Fox, 1833-1893)·凱特·福克斯(Kate Fox, 1836-1892)·亞歷山大·格拉漢姆·貝爾(Alexander Graham Bell, 1847-1922)·古列耳莫·馬可尼(Guglielmo Marconi, 1874-1937)·哈利·胡迪尼(Harry Houdini)(本名艾瑞其·懷茲·1874-1926)

1847年12月11日，一對青少女姊妹凱特和瑪格麗塔·福克斯隨父母搬入位於紐約州海德村（Hydesville）的新家，此處是當地有名的鬼屋：不少人稱曾聽見敲打聲和其他噪音，據說前房客麥克·韋克曼（Michael Weakman）就是因為受不了才搬離。1848年3月，瑪格麗塔和凱特稱自己聽到莫名其妙的聲音。幽靈開始透過敲擊聲跟兩姊妹溝通（例如敲一聲表示「不是」，敲兩聲表示「是」），兩人還替他取了個暱稱「快腳先生」（Mr. Splitfoot，指惡魔）。就連兩姊妹搬到紐約州羅徹斯特（Rochester）後，靈動現象也如影隨形跟了過去，於是兩人便開始在戲院「表演」大收門票，備受矚目，也引人非議，最後還成了十九世紀美國唯靈論中最著名的靈媒。唯靈論相信人可與靈溝通，到了1855年，信徒甚至高達兩百萬人。1888年，兩姊妹向一名報社記者坦承，所有的靈動現象都是胡謅的，還示範她們如何以腳趾和膝關節製造出敲打聲。不久兩人便窮困潦倒而逝。

降靈會是為了和靈溝通而舉行，通常由一群人在暗室內圍桌坐下進行。據稱幽靈可藉著靈媒、自動書寫及通靈板來跟人溝通。瑪麗·陶德·林肯在痛失她和亞伯拉罕的愛子後，於1863年在白宮舉行的降靈會便是眾所皆知。通靈師宣稱可與死者接觸，也吸引了不少知名科學家一探究竟，像是演化生物學家華萊士、馬可尼（無線電波傳播先驅）和貝爾（第一支電話的發明人）。對此存有疑慮的人則包括幻術師和特技師胡迪尼。雖然自古以來都有人試圖揭穿靈媒神棍的真面目，降靈會至今仍屹立不墜。

另可參考：隱多珥女巫（約西元前1007年），通靈術（約西元前850年），幽靈（約100年），報喪女妖（1350年），夏日樂園（1845年），尋找靈魂（1907年），《草豎琴》（1951年），超自然電子噪音現象（1956年）

福克斯姊妹：瑪格麗塔（左）、凱特（中）及大姊黎安·福克斯·費雪（1814-1890）。大姊黎安似乎相信兩位妹妹可以和靈溝通的說法，成了兩人的經紀人。

《奧菲莉亞》

莎士比亞（1564-1616）．約翰．艾佛雷特．米萊（John Everett Millais, 1829-1896）．伊麗莎白．艾利諾．希寶兒（Elizabeth Elenor Siddal, 1829-1862）．薩爾瓦多．達利（Salvador Dali, 1904-1989）

約翰．米萊的畫作《奧菲莉亞》（1852）是描繪女性自殺的知名作品，徘徊生死邊緣的可憐人兒在畫家細膩筆觸下顯得哀戚動人。奧菲莉亞是莎士比亞劇作《哈姆雷特》主角哈姆雷特王子的戀人。精神錯亂的她採花時爬上柳樹，因樹枝斷裂墜入溪水溺死，是文學作品中最具詩意的死亡場景。「她的衣裳四散展開，使她暫時如人魚般漂浮水上。」她似乎毫不在乎自己即將魂消玉殞，衣服吸水後越變越沉，終於將她拖入水底「死亡的泥濘中」。

在下筆畫這名垂死女孩前，米萊先是大費周章描繪了背景茂密叢生的植物，翠綠花草錯綜複雜，幾乎布滿整幅畫。數月間，他每天花費十一個小時在英國霍格斯米爾河（Hogsmill River）沿岸作畫。為了如實呈現既天真又瘋狂的奧菲莉亞，米萊還請芳齡十九歲的伊麗莎白．希寶兒穿著衣服躺在畫室浴缸內，浴缸底部放著油燈以保暖。諷刺的是，1862年希寶兒疑似服鴉片酊過量自殺身亡，時年三十二。

超現實主義畫家達利說此畫作：描繪了「令人又愛又怕」、「容光煥發」的女子。教育家羅恩．布朗（Ron Brown）寫道：「她的衣裳宛如蜻蜓般色澤鮮豔，水面彷彿染上一層亮彩，仿若水中姝流、花叢嬌卉。『奧菲莉亞』狀似背景，與大自然交融合一。」英國教授茱莉亞．湯瑪斯認為這些植物不僅「栩栩如生」，還具特殊意涵。「奧菲莉亞右手握的罌粟象徵死亡，雛菊代表純潔無辜，玫瑰意味芳華正盛，三色堇則是不得回應的愛。畫作右下方漂浮水面上的貝母象徵悲傷，環繞奧菲莉亞頸間的紫羅蘭則代表忠貞不渝。」

另可參考：自殺（約西元前300年），死亡面具（約1888年），迪索畫筆下的耶穌受難日（約1890年），斯瓦伯的《掘墓人之死》（1895年），《死之花園》（1896年），《負傷天使》（1903年），神風特攻隊（1944年），《草豎琴》（1951年）

《奧菲莉亞》（帆布油畫），由約翰．艾佛雷特．米萊所繪。

屍體防腐術

亞歷山大大帝（Alexander III of Macedon, 356-323BCE）．
霍雷肖．納爾遜（Horatio Nelson, 1758-1805）．亞伯拉罕．林肯（1809-1865）．
奧古斯特．威廉．馮．霍夫曼（August Wilhelm von Hofmann, 1818-1892）

屍體防腐術是一門保存遺體以防止腐化、增添儀容美感的技藝及學問，由來已久（見木乃伊篇），古代埃及、厄瓜多、秘魯、加納利群島（Canary）的居民都曾替屍體防腐。古希臘人會在死者身上撒上香水及香料，中歐亞大陸的古斯基泰人（Scythians）在統治者死後，會挖出其內臟，塞入大茴香、柏樹枝、乳香，再以蠟塗滿屍身。或許是為運至埃及孟菲斯，亞歷山大大帝的遺體也塗上了蜂蜜和蠟防腐。1805年，英國海軍上將霍雷肖．納爾遜的遺體被裝進白蘭地酒桶運回倫敦。

美國南北戰爭時，為送陣亡士兵返回遠方家人身邊，屍體防腐術越來越廣為所用。林肯總統死後，屍身亦經防腐保存，好供美國各地民眾瞻仰，當時平民百姓也對屍體防腐術見怪不怪。

1867年，德國化學家奧古斯特．威廉．馮．霍夫曼合成出甲醛，不久發現此化學物有利保存屍體，於是甲醛便逐漸取代昔的酒精、水銀和砷。今日的動脈防腐術（以甲醛混合其他化學物）則以防腐劑注入血管，尤其是右總頸動脈。至於被取代的血液及其他體液，則從右頸靜脈流走。其他體腔則以套針穿刺，注入防腐劑取代裡頭的體液。

穆斯林和虔誠的猶太教徒通常不採用屍體防腐術，不過宗教學者蓋瑞．賴德曼（Gary Laderman）認為，「自二十世紀初，屍體防腐術就成了美國葬儀業的命脈。不久美國人就不會在熟悉的自家環境中嚥氣，而是在……一般閒人勿近的醫院，彌留時有專業人員隨側照料。現今社會科技飛速發展，瞬息萬變，往生者恆久不變、安詳過世的面容，令越來越多美國人嚮往。」

另可參考：火化（約西元前20,000年），木乃伊（約西元前5050年），送葬隊伍（約1590年），解剖（1761年），人體冷凍技術（1962年）

這幅中間的橡木版畫（金箔油畫，約1410年）是比利時布魯日的三聯畫，畫中描繪眾人保存耶穌遺體的場景，作者不詳。

安樂死

雅各·「傑克」·凱沃基安（Jacob “Jack” Kevorkian, 1928-2011）

1872

「全球每天都有頭腦清醒的人尋短見，」羅納德·德沃金（Ronald Dworkin）律師寫道。「有人央求他人代勞了斷其性命，有人則早已一腳踏入棺材……有些人是因走投無路才死意堅決。」安樂死一詞，通常指為減輕身患不治之症或陷入不可逆昏迷的患者之苦痛，而刻意結束其性命。積極安樂死為施以毒物或以外力致死，消極安樂死則是停止治療。自願安樂死需取得病人同意才可施行。積極自願安樂死僅在歐洲某些國家為合法，而消極自願安樂死在全美皆合法。提供病人了結生命的方法，則為協助自殺。

自古迄今，安樂死可見於各種文化。但在信奉猶太教及基督教的地區，因教義反對自殺，自戕者死後不是將其曝屍街頭，就是將屍體掛在尖樁上示眾，或剝奪遺產以示懲戒。基督教普及之前的羅馬殖民地馬薩利亞（Marssalia，現今的馬賽〔Marseille〕）反倒採務實因應之道，允許求死的市民向元老院索取毒芹了卻性命，不過因經濟考量，軍人和奴隸則無此權利。

1872年，教師山謬·威廉斯（Samuel D. Williams）在英國發表了一篇要文，留名安樂死青史。他在文中寫道：「若病患因頑疾纏身，苦不堪言而要求自我了結，醫師應盡其責施以氯仿或其他類似的麻醉藥……助其痛快死去。除非病患明確表明死意，否則不得為之。」

在瑞士，協助自殺自1940年代起便已合法化，近年來，荷蘭、盧森堡、比利時及美國某些州也立法允許協助自殺。近日，越來越多絕症病人，包括身患癱瘓、漸凍人症、帕金森氏症、多發性硬化症等神經系統疾病的患者，都紛紛前往瑞士等地尋死，因此引起各國對「死亡權法」爭論不休。

另可參考：自殺（約西元前300年），墮胎（約70年），黑死病（1347年），安寧療護（1967年），腦死（1968年），不施行心肺復甦術（1976年）

嗎啡分子（$C_{17}H_{19}NO_3$）。1800年代中期，拜美國外科醫師約翰．華倫（John Warren, 1778-1856）推廣，醫院開始越常使用嗎啡來減輕臨終患者之苦。

行屍症候群

朱爾·科塔爾(Jules Cotard, 1840-1889)

「我曾擁有心臟，」一名罹患行屍症候群的病人如此說道。「有什麼在我胸腔跳動……我沒有胃，也從未感到飢餓。進食時……食物猶如落入洞中。」此罕見的精神疾病又稱科塔爾症候群（Cotard's syndrome, CS），1880年由法國神經學家朱爾·科塔爾首次提出，並以其名命名此症。科塔爾症候群患者會認定自己喪失器官，或自認已死並成了活屍，有時還深信自己的大腦、胃腸、心血或精魂消失殆盡。患者也會覺得自己受到詛咒，認為肉身淪為一具機器。矛盾的是，這些「行屍」有時也會稱自己乃不死之身。精神科醫師大衛·恩諾區（David Enoch）和哈德恩·鮑爾（Hadrian Ball）寫道：「一心求死，卻得永遠如此空洞地活著，宛如活在齊克果筆下的人間地獄，人人避之唯恐不及之絕，莫過於此。」

科塔爾症候群可能是因辨識人臉的腦區（梭狀迴區）及判斷人臉情緒的區域（如杏仁核）之間失聯所致，腦傷、腦瘤、腦萎縮、癲癇、傷寒或服用抗病毒藥物阿昔洛韋（acyclovir）皆有可能導致失聯。從一些科塔爾症候群患者的腦部掃描可見大腦額葉及頂葉區代謝活動很低。此病通常會以電療法、抗憂鬱藥物及抗精神病藥物治療。

有些科塔爾症候群患者甚至不承認外界存在，拒絕進食飲水，終日徘徊墓園及殮房，只想入棺度日，種種異行令人聞之膽寒。這種病跟凱卜葛拉斯症候群（Capgras syndrome）之類的精神疾病有點像。凱卜葛拉斯症候群患者深信自己的家人被「分身」取代，或遭「冒名頂替」。諸如此類的還有奧德賽症候群（Odysseus syndrome）（「替代者的虛無執念」），患者會誤以為摯愛之人已死，其軀體器官被取而代之或腐爛，儘管事實上他們都安好無恙。

另可參考：泥人（1580年），〈猴掌〉（1902年），尋找靈魂（1907年），殭屍（1968年），《論死亡及臨終》（1969年）

科塔爾症候群患者深信自己喪失器官或已成活屍。前頁所繪為一具不見內臟的行屍，圖出自《人體骨骼肌肉表》（*Tables of the Skeleton and Muscles of the Human Body*, 1749）一書，作者為德裔解剖學家伯納德·西佛瑞德·阿比努斯（Bernhard Siegfried Albinus, 1697-1770）。

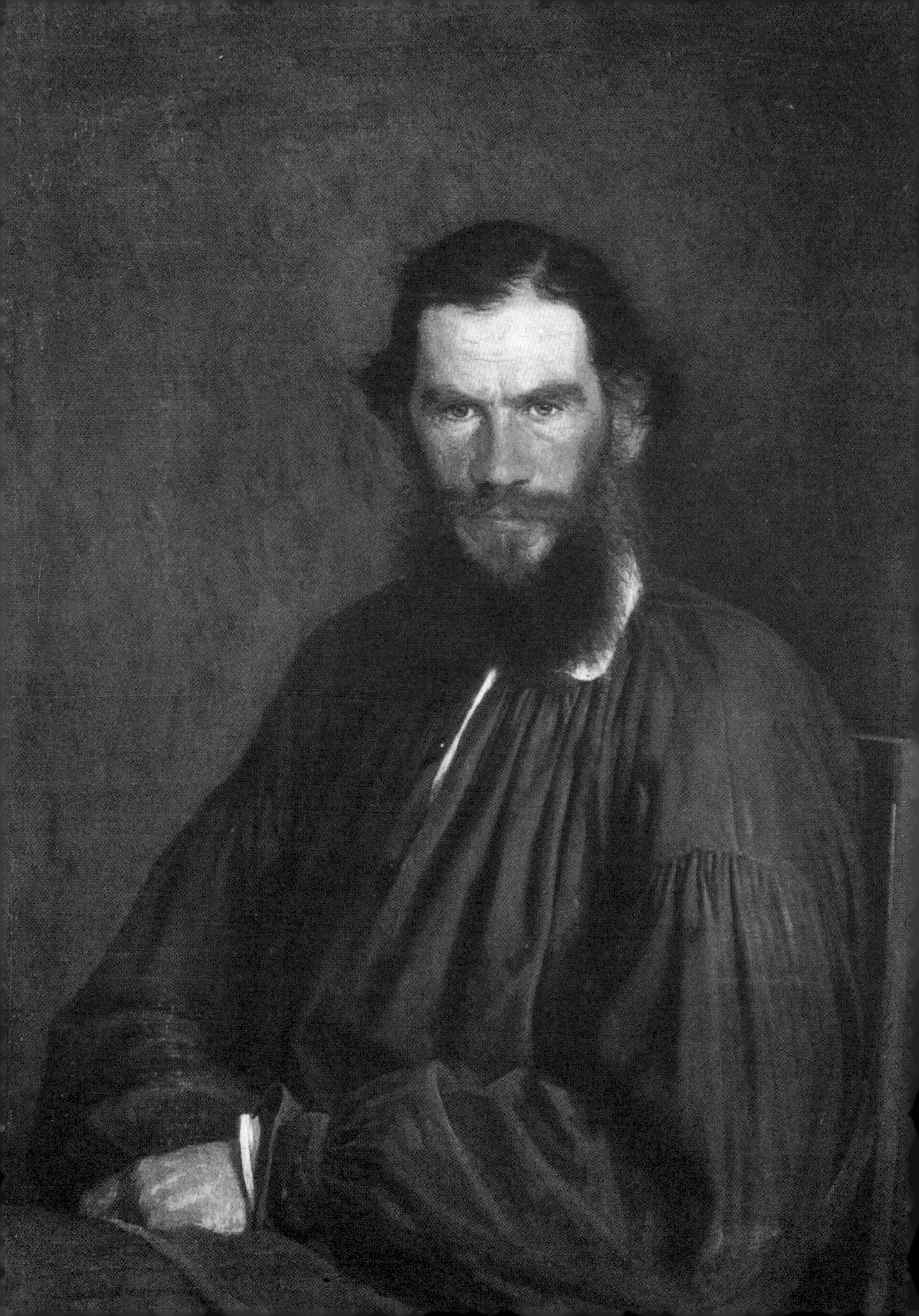

《伊凡．伊里奇之死》

托爾斯泰（Leo Nikolayevich Tolstoy, 1828-1910）

1886

《伊凡·伊里奇之死》(1886)是以曠世鉅作《戰爭與和平》(*War and Peace*, 1869)及《安娜·卡列尼娜》(*Anna Karenina*, 1877)聞名的俄國文豪托爾斯泰所著的短篇小說。在投身激進的基督教無政府和平主義哲學後不久，托爾斯泰便寫下這部作品，從故事也可看出他不斷為人生自古誰無死一事鑽牛角尖。主人公伊里奇是名汲汲營營志於仕途，和家人不親不近的法官。有次他在新公寓掛上窗簾時，身側受了傷，接下來幾週卻開始在嘴裡嘗到怪味，傷口也越來越痛。他求助醫生，醫生卻無能為力。最後，惶恐不安、苦痛難當的他整整三天尖叫不已才嚥下最後一口氣。

有趣的是，這篇小說以伊里奇的葬禮起頭，將這名已歸西的主人翁介紹給讀者，接著托爾斯泰再以扭曲時空的手法講述伊里奇的一生。前四章橫跨四十餘年，接下來的四章則僅數月，最後四章則只有四週左右。此外，空間對比亦相當鮮明。伊里奇早年常在各城鎮間遷徙，後來才在一座城市定居下來，小說結尾則幾乎身不離沙發。

直到來日將盡，伊里奇才終於為身後妻兒著想，希望自己的死能讓他們如釋重負。彌留之際他聽見旁人說：「他走了。」伊里奇則對自己說：「死亡不在了。」然後便嚥下最後一口氣。英國作家羅納德·布萊斯(Ronald Blythe)評道：「隨著托爾斯泰妙筆鋪陳，這名無趣又惹人厭的主人公逐漸散發人性光輝，讀者才得以瞥見其真貌……理智即將遭痛苦消磨殆盡之際，靈魂、精神、真我之類的元素便由此誕生。」

另可參考：〈烏鴉〉(1845年)，《奧菲莉亞》(1852年)，死前遺言(1922年)，戈爾丁筆下生死夾縫間的世界(1956年)，安寧療護(1967年)，《論死亡及臨終》(1969年)

此為托爾斯泰年輕時的肖像畫，1873年由伊凡．尼古拉耶維奇．克拉姆斯(Ivan Nikolaevich Kramskoi, 1837-1887)所繪。

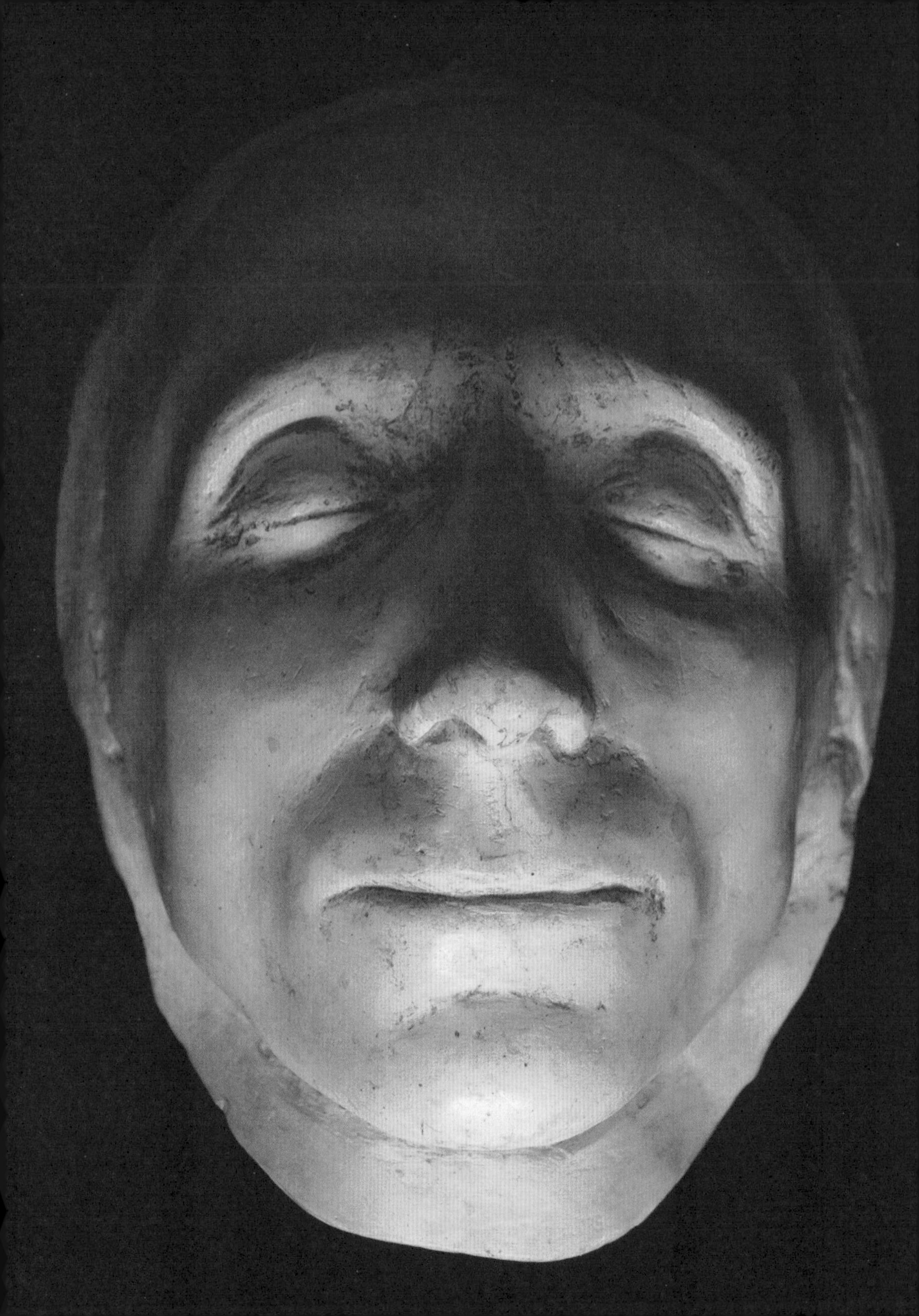

死亡面具

「雖說眼睛是靈魂之窗，」作家克麗絲汀·奎格利寫下：「人一死閉上雙眼後，整張臉便成了逝者生命的寫照。數百年來，保存逝者面容一直是神聖的任務。」死亡面具由蠟、石膏等材料製成，將人死後臉孔具象化。一般製作死亡面具，會先將油敷在死者的臉上，再澆上石膏塑模。

亙古至今，這些面具用途不一，有時會在國葬上展示，攝影術發明前用以指認死者身分，或放在博物館展覽供人觀賞，或拿來做醫學研究。昔日，遭處死的犯人的死亡面具常會被拿來研究，看是否能從長相或臉部構造來看出一個人有無精神變態的傾向 。

許多名人死後臉常被做成死亡面具，包括音樂巨匠貝多芬和蕭邦，國家領袖拿破崙、林肯、亨利八世，以及詩人但丁。其他「偉人面具」另有富蘭克林、希區考克、伍德羅·威爾遜（Woodrow Wilson）、尼古拉·特斯拉（Nikola Tesla）及牛頓。史上最知名的死亡面具之一，是一個年約十六、臉上掛著淡淡微笑的無名少女（約1888年），她被人發現淹死在巴黎塞納河。世人稱她為塞納河畔的無名少女，賦予才子靈感，催生出不少文學作品，她的面具還常被做成複製品，裝飾在藝術家和愛慕人士的牆上。

恩斯特·本卡特（Ernst Benkard）在其1929年出版的著作《不朽的臉孔》（*Undying Faces*）中寫道：「死亡面具橫亙在生與死的交界，諄諄警誡世人，因此無法以世間常識來衡量。它是人最後的象徵，是人不朽的臉孔。」

另可參考：木乃伊（約西元前5050年），墓誌銘（約西元前480年），《奧菲莉亞》（1852年）

義大利聖人文森特．帕洛蒂（Vincent Pallotti, 1795-1850）的死亡面具，他曾在羅馬扶弱濟貧。1906及1950年，世人掘出他的屍體，發現竟未腐化（神聖的徵兆），完好無缺的屍身現展覽在翁達（Onda）的聖薩爾瓦多教堂（San Salvatore）中。

迪索畫筆下的耶穌受難日

詹姆斯・迪索(James Jacques Joseph Tissot, 1836-1902)

這幅名為《救世主自十字架上俯瞰所見》(*Our Lord Saw from the Cross*,約1890年)的畫,是法國畫家詹姆斯・迪索的作品。此畫獨特之妙在於我們可藉由藝術家的想像力,看到耶穌從十字架上所見。布魯克林博物館館長解釋:「這幅作品意在激起觀者惻隱之心。習慣當旁觀者的我們,難得能設身處地,從耶穌的視角去體會他在生命最後一刻,凝望底下觀刑、行刑的敵友時,內心的想法及感受。」

迪索的母親是名虔誠的天主教徒,他在1885年重拾對天主教的興趣,此後便一直埋首替聖經故事畫插圖。為尋找靈感,迪索還遠赴中東取經,體驗風土人情,一睹其建築風格。他創造出三百六十五幅水粉畫系列(不透明水彩),描繪耶穌生平事蹟,作品在紐約、巴黎及倫敦皆廣受好評。替他撰寫傳記的作家克莉絲提娜・馬提葉茲奇耶維辛(Krystyna Matyjaszkiewicz)如此形容他的宗教熱情:

> 迪索在1886年10月15日、五十歲生日當天啟程前往巴勒斯坦,1887年3月帶著畫滿草圖的素描本返回巴黎,滿腹熱情,迫不及待要描繪耶穌生平。他出版了畫集,裡頭全是耶穌生平際遇、所經之地、所遇之人,隨圖還附上福音書和聖經記事的節錄。迪索甚至遠赴耶路撒冷,到了1894年4月,他已完成兩百七十幅水彩畫,畫作現展於巴黎戰神廣場(Champ de Mars)供人觀覽讚嘆……

細看這幅畫,可見抹大拉的馬利亞(Marie Magdalene)蹲在中前景底部,披散著一頭紅髮,身旁隱約可見耶穌雙腳。聖母馬利亞則在後方緊揪胸口。一名古羅馬軍團百夫長從左方看過來,猶太領袖則從後方及右方緊盯不放。迪索也在畫的後方畫上放置耶穌屍身的墳墓入口。

另可參考:死刑(約西元前1772年),復活(約30年),《負傷天使》(1903年),死亡主題觀光(1996年)

《救世主自十字架上俯瞰所見》,由詹姆斯・迪索所繪(灰綠布紋紙不透明水彩畫)。披著一頭長紅髮的抹大拉的馬利亞蹲在畫的中前景底部,身旁可見耶穌雙腳。

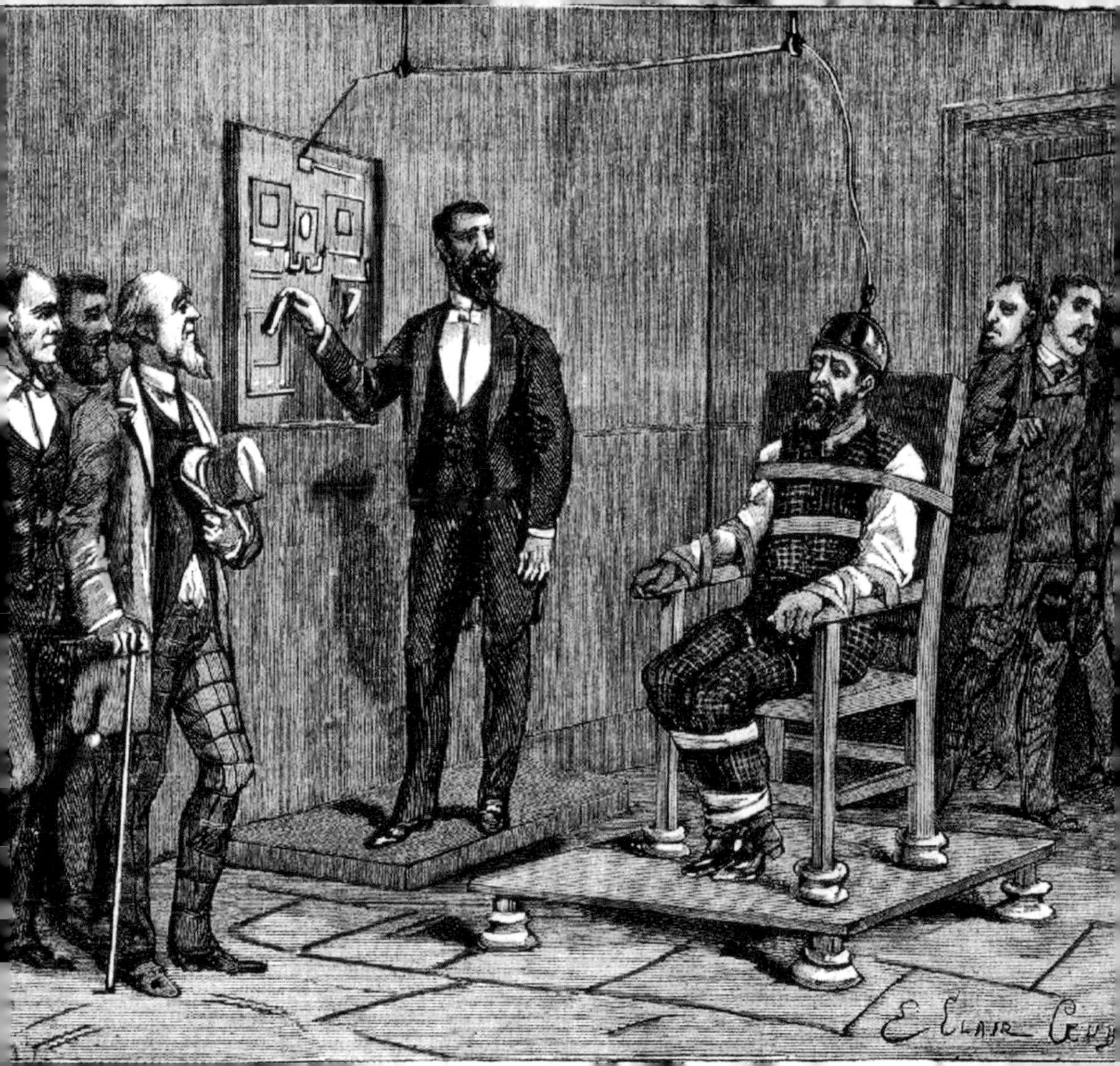
E CLAIR GUY

電椅

喬治·威斯汀豪斯二世(George Westinghouse, Jr., 1846-1914)，湯瑪斯·愛迪生(Thomas Alva Edison, 1847-1931)，瑪莎·普萊斯夫人(Wartha M. Place, 1849-1899)，哈洛德·布朗(Harold Pitncy Brown, 1857-1944)，威廉·弗朗西斯·凱姆勒(William Francis Kemmler, 1860-1890)，亞瑟·肯尼利(Arthur Edwin Kennelly, 1861-1939)

1890年8月6日，威廉·凱姆勒成了第一位被電椅處死的犯人。那天清晨，他穿上西裝，繫好領帶，用完早餐後稍作了禱告。六點三十分左右，凱姆勒進入行刑室，說：「諸位先生，祝好運。我已準備好啟程到美好的天國。」近代研發出較為人道的電椅取代絞刑。

發電機電壓充到一千伏特，電流持續十七秒後，凱姆勒卻還活著，因此又再往上調至兩千伏特。據《紐約時報》報導，「行刑室瀰漫著一股噁心的臭味……電極下方及附近的頭髮和毛髮都燒焦了。」一名目睹全程的記者說那「場景簡直教人不忍卒睹，比絞刑更為慘烈」。美國電力產業先驅喬治·威斯汀豪斯則批評：「不如用斧頭砍死還俐落多了。」之後有次進行處決，犯人「以電刑處死」，被送到解剖室時卻仍有呼吸。還曾發生過犯人頭部著火的意外。

電椅的發明人哈洛德·布朗和亞瑟·肯尼利都在發明家愛迪生手下工作，當時愛迪生是直流電的愛用者，但他卻將交流電用在電椅上，或許也是為了想展現其電壓標準的危險。布朗和肯尼利則公開處死不少動物以證明其致死性。

第一位遭電刑處死的女性是1899年的瑪莎·普萊斯夫人。1890年到1972年間，美國有四千兩百五十一人坐電椅赴死，雖然電椅曾是當時最廣為所用的處決器具，現卻已被毒針注射取代(通常是量足致死的巴比妥、麻藥及鉀溶液)。

另可參考：死刑(約西元前1772年)，自殺(約西元前300年)，斷頭台(1792年)，《科學怪人》(1818年)，量子永生(1987年)

示意圖為1890年8月6日凱姆勒行刑的場景，刊於聲譽卓著的法國報刊《小巴黎人報》(*Le Petit Parisien*)上。

鬼舞

坐牛（Sitting Bull, 約1831-1890）·
沃沃卡·又名傑克·威爾森（Wovoka, Aka Jack Wilson, 約1856-1932）

試想自己是活在1890年左右的美國西部印第安人，飽受戰火、饑荒、疾病摧殘，只能屈身居於政府指定的部落領地。當局甚至還希望族人能將孩子送去讀印第安文化及語言都遭禁的住宿學校。在如此水深火熱中掙扎的你，會尋求何種宗教作為心靈寄託？

鬼舞是來自內華達州的北派尤特族（Paiute）先知，別名傑克·威爾森的沃沃卡所提倡的宗教活動。沃沃卡在1899年1月1日日蝕時產生了幻覺，稱自己經歷了死亡，當時神要他教印第安人跳一種新創的舞步。跳舞加上行止合宜，將可革新世界，與印第安死者團圓。鬼舞是由圓舞改編而成，舞者圍成一圈，以詠唱鼓手的逆時針方向繞行，有的舞者甚至還會陷入恍惚狀態。沃沃卡要族人與白人和平共處，並預言會來到一片充斥野味的土地，饑荒疫病將不復存在。以固定週期連續五天跳鬼舞，將可促使和諧時代提早降臨。

鬼舞之說蔓延至大半美國西部，北美大平原（Great Plain）上的拉科塔蘇族（Lakota Sioux）則強調跳此舞可將白人入侵者驅逐出境。有些印第安人還相信穿「鬼衣」可防彈。鬼舞運動弄得白人人心惶惶，終於在1890年引發大屠殺，導致一百五十三名蘇族人在南達科他州（South Dakota）傷膝溪（Wounded Knee Creek）附近喪生，死者多是婦孺。當局害怕拉科塔酋長坐牛加入鬼舞運動，試圖逮捕他，卻在逮捕之際導致其身亡。

另可參考：天堂（約西元前2400年），極樂淨土（約西元前850年），亡靈節（1519年），孩童與人祭（1622年），夏日樂園（1845年）

這幅蘇族鬼舞的圖曾刊在《倫敦新聞報》（*London News,* 1891）及詹姆斯·鮑伊（James P. Boyd）的著作《坐牛等酋長領軍的近代印第安戰爭》（*Recent Indian Wars under the Lead of Sitting Bull, and Other Chiefs,* 1891）中。

斯瓦伯的《掘墓人之死》

卡洛斯·斯瓦伯(Carlos Schwabe, 1866-1926)

1895

在許多文化中，死亡為超自然的存在，形象百變，在1400年代化身狀似骷髏的猙獰收割者，最早則在古希臘化身長著一對翅膀的塔納托斯。印度吠陀經中，冥神閻魔會騎著頭黑色水牛，手持繩子將亡靈帶回冥界那落迦。在西方文化，特別知名的死亡化身則出現在德國象徵派畫家斯瓦伯的畫作《掘墓人之死》(1895)中。十九世紀末，象徵派藝術興起，多以夢境、幻想、想像、靈性為題材。

在這幅畫中，神祕的綠燭光照亮向上招手的死亡天使。掘墓人手摀住心口，鬆開手中的鏟子。附近一只花苞開在雪地上，顯現一線生機，樹木卷鬚稀疏垂下，背景是一片潔淨無瑕的白雪。動也不動、默默佇立在天使身後的墓碑被白雪覆蓋，雖灰撲斑駁卻歷久不衰。

在象徵派畫作中，女性人物常象徵創意、苦痛及死亡。有趣的是，斯瓦伯作品的天使多照第一任妻子的形象繪成，包括《掘墓人之死》中的女性。1894年，斯瓦伯痛失一名摯友，此後便對死亡及臨終課題更沉迷不已。卡爾·古斯克(Karl S. Guthke)如此形容斯瓦伯的死亡天使：「天使即將展翅高飛，雙翅末端伸入墓地中。畫中生與死交會，充滿矛盾衝突，畫家所選的顏色更突顯出此點。背景一片荒涼蒼白，死亡天使卻身穿生氣蓬勃的綠衣。」

另可參考：閻魔(約西元前1100年)，塔納托斯(約西元前700年)，天使(約380年)，猙獰的收割者(1424年)，掘墓人(1651年)，《奧菲莉亞》(1852年)

斯瓦伯的第一任妻子是這幅《掘墓人之死》中死亡天使的模特兒。

HS.

《死之花園》

雨果·辛貝格(Hugo Gerhard Simberg, 1873-1917)

1896

《死之花園》是以描繪死亡及超自然景物聞名的芬蘭畫家雨果·辛貝格的作品。畫中可見三具骷髏正在澆花，場景詼諧詭異，也十分嚇人，尤其是中間的骷髏，捧著花入懷，看似在微笑。難道它是在暗示死亡不一定是件哀傷的事嗎？畫中花朵（生命的象徵）和身穿黑衣的骷髏（死亡的象徵）並列，亦相當詭異。辛貝格一般不會替自己的作品做解說，全任憑觀者自行詮釋，但他確實提過這座花園是死者上天堂前的必經之地。

數年來幾經研究後，有人提出畫中意境想表達生與死兩者關係緊密不分，缺一不可。從這幅畫也可看出生死模糊交界處，可能存在彼世過渡域界。死亡學教授珊德拉·博特曼（Sandra L. Bertman）寫道：「這件藝術作品要觀者思考來世，不用為自己的死驚慌失措，身體功能停止後也用不著害怕。」

定睛細看，可發現這些花朵不像來自人間，有些看起來像八芒星和五芒星，有些看起來像黑球長在彎曲的莖上，顏色有黑有白。假設花朵代表人類的靈魂，這座花園或許就如同煉獄，靈魂在此吸收養分茁壯成長後，再步上最後的旅程。雖然這幅作品畫風簡樸，不具立體感，但可見一條小徑朝遠方蜿蜒而去。這條小徑究竟是這座謎樣花園的入口，還是出口呢？

另可參考：天堂（約西元前2400年），《吉爾伽美什史詩》（約西元前2000年），天啟四騎士（約70年），猙獰的收割者（1424年），《死亡和守財奴》（約1490年），亡靈節（1519年），《負傷天使》（1903年）

《死之花園》（水彩及水粉畫），由雨果．辛貝格所繪。

〈猴掌〉

威廉·威馬克·雅各伯斯（William Wymark Jacobs, 1863-1943）

英國作家雅各伯斯的恐怖短篇小說〈猴掌〉曾被改編成不少舞台劇、電影、電視劇及歌劇。死亡和復活是故事的核心主題，情節驚悚，讀來令人不寒而慄。這篇小說被收錄在逾七十本小說選集內，曾被電視影集《辛普森家庭》拿來調侃一番，也激發了小說家史蒂芬·金寫作的靈感。

在這篇1902年出版的小說中，懷特夫婦收到了一只可許三個願望的猴掌。懷特先生向猴掌祈求兩百鎊來付房貸尾款，過沒多久就有工廠人員到他家付給他兩百鎊賠償金。原來是兩人的愛子赫伯特遭捲入工廠機器，驟然慘死。讀者讀到他的死狀，不免聯想到那隻遭分屍的猴子或許也受了同樣的苦。

夫婦倆在安葬愛子後，不敵喪子之痛，決定再許一次願，祈求赫伯特能復活平安返家。但不久敲門聲響起，懷特先生才恍然大悟，想到在外頭等著的搞不好是兒子支離破碎的屍體，不禁越發寒毛直豎。「看在老天的份上，千萬別讓它進門，」懷特先生大喊，但妻子充耳不聞，作勢要打開前門。「連自己的兒子都害怕還算人嗎？」她哭著說，雙方僵持不下。外頭傳來「一連發」響徹如雷的敲門聲，此時懷特先生找到猴掌，迫不及待許下第三個、也是最後一個願望。敲門聲戛然而止，只留餘音迴盪屋內。門打開，一陣冷風竄入，懷特夫人見狀失神崩潰，放聲嚎啕大哭。懷特先生趕忙跑到她身邊，外頭只見兀立寂靜冷清的街道上、不停閃爍的街燈。

如同希臘經典悲劇《伊底帕斯王》（*Oedipus Rex*），有超自然力量的猴掌的故事也告誡讀者，玩弄命運不會有好下場。評論〈猴掌〉的哲學家尼可拉斯·雷謝爾（Nicholas Rescher）認為，我們永遠無法確定「為改善世界而操弄現實，是否會適得其反……出自好意想改變什麼，最後卻弄巧成拙」。我們又怎知扭轉了現實的不幸，未來就會更加美好呢？

另可參考：復活（約30年），盜屍賊（1832年），洛夫克拉夫特的幽靈人種（1922年），《草豎琴》（1951年），殭屍（1968年）

〈猴掌〉是英國作家雅各伯斯的恐怖小說，故事中懷特夫婦收到了可許三個願望的猴掌。

《負傷天使》

雨果・辛貝格（1873-1917）・萊納・瑪利亞・里爾克（Rainer Maria Rilke, 1875-1926）

1923年，出生於奧匈帝國波西米亞地區的詩人里爾克發表了《杜伊諾哀歌》（*Duino Elegies*）：傳達聖之美與凡夫苦難、扣人心弦的神祕詩集。第一首輓歌開頭就提及天使：

天使高高在上，若我放聲呼喊，有誰聽得見？
即使擁我入懷，聖姿龐然如祂，我也無福消受。
恐怖始於絕美，凡人勉強能耐。
祂聖容祥和，不屑草菅人命，俗子望之畏卻。天使令人恐懼。
（史蒂芬・米契爾〔Steven Michell〕英譯文）

里爾克的作品反思生與死、聖靈與世俗之別，也深入探討人類與絕美之物的邂逅。其他藝術家亦曾從不同角度描繪天使，其中最令人匪夷所思的作品乃出自早里爾克兩年出生的芬蘭畫家雨果・辛貝格之手。在辛貝格的畫作《負傷天使》（1903）中，人類以擔架抬著翅膀滲血、雙眼蒙上繃帶的天使。天使頭低垂，手拿著一束白色小花，背景淡薄荒涼。她的翅膀純白無瑕，抬著她的兩名男孩卻一身暗淡黑衣，兩者形成強烈對比。其中一名男孩望向觀者。他內心的感受是什麼？他正為人類傷害天使而忿忿不平嗎？他要帶她去接受治療嗎？天使究竟遭遇到什麼？難道是這兩名男孩傷害了她嗎？畫中意涵交由賞畫人自行定奪。

這幅優美名畫的風景是參照芬蘭赫爾辛基的艾倫塔哈（Elaintarha）公園所繪，背景的海則是突隆拉提海灣（Töölönlahti Bay），男孩走的步道岸邊現今依舊可見。辛貝格想讓大眾自行去感受、自由詮釋，因此從未透露隱藏畫中的意涵。你看到了什麼？

有趣的是，辛貝格和里爾克兩人都曾因故「負傷」，或許其作品也因此受影響。辛貝格在完成畫作之際正從腦膜炎康復，而里爾克是因受重度憂鬱症侵襲，才有感而發寫下這些詩篇。

另可參考：天使（約380年），《雅各之夢》（約1805年），迪索畫筆下的耶穌受難日（約1890年），《死之花園》（1896年）

《負傷天使》（帆布油畫），由雨果・辛貝格所繪。

尋找靈魂

希羅菲盧斯(Herophilus, 335-280 BEC)·笛卡兒(René Descartes, 1596-1650)·
鄧肯·麥克杜格爾(Duncan MacDougall, 1866-1920)

許多未來學家認為，若將大腦構造摸個透徹，說不定有一天能以科技模擬心智，或將心智上傳至電腦。這種心智產自大腦活動的看法，屬於唯物論觀點，但不少思想家堅持靈魂和物質是兩回事，死守身心二元論。法國哲學家笛卡兒在1600年代中期，提出心智或「靈魂」是有別於大腦的存在的說法，兩者以他稱為「靈魂之座」的松果腺相連。古希臘醫師希羅菲盧斯在解剖人腦後，認為靈魂就位於第四腦室底部凹處、充滿液體的寫翮中。

1907年，美國醫師鄧肯·麥克杜格爾將六名垂死的肺結核病人放在量秤上。他推測人一死靈魂離體，秤上的體重數字便會減少。麥克杜格爾的實驗結果發現靈魂的重量為二十一公克(零點七盎司)。可惜的是，他和其他研究者一直無法重複實驗結果。

有些實驗發現，思想、記憶、人格會因大腦受損而改變，腦造影研究也可定位感覺和思想在腦中的區塊，這些結果更加證明了身心唯物的觀點。舉例來說，右腦前額葉受損可能會讓人性情大變，成為高級餐廳和美食狂熱分子，這就是人稱美食家症候群(gourmand syndrome)的症狀。二元論主義者笛卡兒或許會辯說，正是因為心智透過大腦運作，大腦受損行為才會改變。拆下方向盤，車子運行模式會變得不一樣，但這不一定代表沒司機在開車。

另可參考：降靈會(1848年)，超自然電子噪音現象(1956年)，人體冷凍技術(1962年)，腦死(1968年)，《論死亡與臨終》(1969年)，瀕死經驗(1975年)

《主教之死》(*The Death of a Bishop*，帶金木板蛋彩畫)，由十五世紀加泰隆尼亞一名無名氏畫家所繪。畫的上方是天使和惡魔，雙方正在爭奪從已近彌留的主教身上脫離的靈魂。

月百姿

臨終遺言

羅伯特·厄斯金·柴德斯（Robert Erskine Childers, 1870-1922）·麗娜·貝克（Lena Baker, 1901-1945）·蒂莫西·利里（Timothy Francis Leary, 1920-1996）·史蒂芬·賈伯斯（Steven Paul Jobs, 1955-2011）

「臨終遺言就跟俳句的最後一行和禪宗公案的寓意一樣，深不可測，」艾倫·比斯博特（Allan Bisbort）寫道。「唯一能確定的是，遺言之後只有無止境的沉默和死亡之謎……死者抒發了胸臆，生者只能自行揣測其意。」（不過有的遺言只是死者在彌留之際恍惚間說出的囈語，毫無意義可言。）

遺言形式不一，像是犯人處決前所說的話，就屬正式宣言。1992年，愛爾蘭民族主義分子、槍枝走私犯厄斯金·柴德斯在死刑執行之際，向行刑隊放肆吆喝：「小子，站近點，這樣會比較好射。」育有三子的非裔美國幫傭麗娜·貝克是喬治亞州唯一一位坐電椅受死的女犯。她見僱主拿鐵棒威脅，才開槍自保，事後也報警自首。有別於柴德斯，她在1945年赴死前說自己是清白的：「我是為了自我防衛才不得不出手，不然早就被殺死了……我已準備好去見上帝，我自認良心無愧。」

有些在臨終前非刻意說出的字句，則令人摸不著頭緒。擁護迷幻藥的美國心理學家蒂莫西·利里死前，不斷以不同語調重複說著「有何不可」這句話，最後以「漂亮」告終嚥氣。電腦產業的先驅史蒂芬·賈伯斯的遺言則是令人匪夷所思的「喔哇。喔哇。喔哇」。雖未經科學調查，但見證過無數人死去的臨終看護曾發現許多遺言有異曲同工之妙。例如，美國臨終看護瑪姬·卡拉南（Maggie Callanan）便說垂死之人常用旅行隱喻來描述死亡，稱自己已準備好踏上旅途。

另可參考：墓誌銘（西元前480年），殉道者（約135年），訃聞（1731年），《伊凡·伊里奇之死》（1886年），神風特攻隊（1944年），《論死亡與臨終》（1969年）

寫下「絕命詩」後，1582年戰敗的將軍明石儀太夫正準備切腹（一種自殺儀式）。此畫由日本藝術家月岡芳年（1839-1892）在1890年左右所繪。

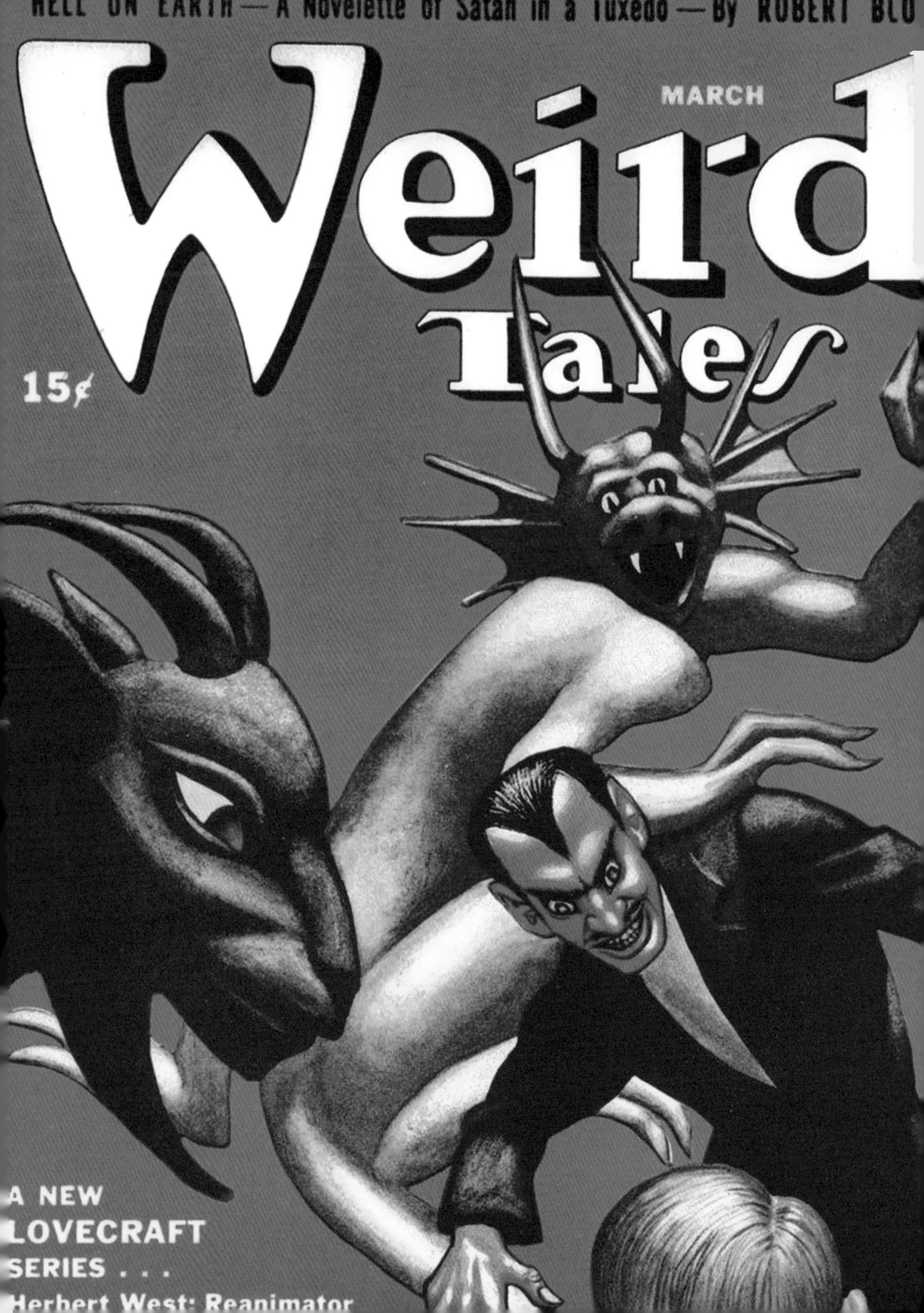
HELL ON EARTH—A Novelette of Satan in a Tuxedo—By ROBERT BLO
Weird Tales
MARCH
15¢
A NEW
LOVECRAFT
SERIES . . .
Herbert West: Reanimator

洛夫克拉夫特的幽靈人種

霍華·菲利浦·洛夫克拉夫特(H. P. Lovecraft, 1890-1937)·
大衛·柯能堡(David Paul Cronenbergs, 1943-)·史蒂芬·金(1947-)·
約翰·卡本特(John Howard Carpenter, 1948-)

「我們可藉由閱讀恐怖小說來排練死亡,想像自己的死卻免於跟死神打交道,」美國小說家波比·布萊特(Poppy Brite)寫道。「或許因為經第二次世界大戰硝煙洗禮、驚魂甫定的戰後讀者,終於明白生死無常,洛夫克拉夫特的遺作才變得如此膾炙人口……。」

美國作家洛夫克拉夫特是史上影響力最為無遠弗屆的恐怖小說家,不少傑出英才,像是小說家史蒂芬·金、名導約翰·卡本特及大衛·柯能堡,都曾深受影響。他在小說〈赫伯特·韋斯特:幽靈人種〉(Herbert West: Reanimator, 1922)中,描述了以科學方法復活、猶如殭屍的怪物,1985年的邪典電影《幽靈人種》就是根據此原作改編而成。

故事中,天資聰穎的自戀狂赫伯特·韋斯特就讀大學期間,就開始「進行恐怖實驗,先是拿動物當白老鼠,接著把歪腦筋動到來路不明的屍體上。他會把一種溶液注射到死屍體內,若屍體鮮度夠,就會做出奇怪的反應」。韋斯特的實驗失敗,創造出「無可名狀的怪物,原因是溶液調劑不當,或者是因屍體不夠新鮮」。小說結尾,韋斯特自食惡果,被殭屍攻擊致死。「我看見一群生物蹣跚拖行,一言不語,背後飄蕩著來自地獄的瑩瑩鬼火。如此孽障肯定是出自瘋子或惡人之手。有些生物狀似人形,有些彷彿半人半獸,有些身上僅勉強看出人的影子,有些根本是怪物。一群稀奇古怪的異種齊聚一堂。」

洛夫克拉夫特的怪誕作品大多在探討人心最深刻幽暗的恐懼。美國小說家芭芭拉·漢伯莉(Barbara Hambly)評論:「洛夫克拉夫特眼中的世界令人嘆為觀止、寒毛直豎、細緻複雜,宛如吉格爾(Giger)的畫作(譯註:吉格爾是設計電影《異形》中外星生物的知名畫家、雕塑家)。他的世界觀令人大開眼界,引人踏入黑暗幽洞,幽洞中心藏著更深的深淵。與其說文字瀰漫著恐怖氛圍,不如說是字字珠璣、令人嘆為觀止。」

另可參考:泥人(1580年),《科學怪人》(1818年),盜屍賊(1832年),〈烏鴉〉(1845年),行屍症候群(1880年),〈猴掌〉(1902年),腦死(1968年),殭屍(1968年)

《怪談》(*Weird Tales*)雜誌封面(1942年3月·三十六卷第四冊)畫的是洛夫克拉夫特的〈赫伯特·韋斯特:幽靈人種〉。作者韋恩·伍達爾(Wayne Woodard, 1914-1964)。筆名漢尼斯·博克(Hannes Bok)。

種族大屠殺

拉菲爾·萊姆金(Raphael Lemkin, 1900-1959)·
艾倫·戴特克斯(Alain Destexhe, 1958-)

種族間的廝殺大概從人類降生以來就存在著,但直到1944年才出現種族大屠殺一詞。猶太裔波蘭籍律師拉菲爾·萊姆金拿希臘文genos(「種族」或「部落」)及拉丁字根cide(「屠殺」)兩字組成種族大屠殺一詞,用來形容因某群人的宗教、種族或其他特徵,有計畫地殲滅其全體的惡行。1948年,聯合國防止及懲治種族滅絕罪公約(CPPCG)更精確地為種族大屠殺下定義:「任何刻意毀滅特定國家、種族、人種或宗教群體全體或部分成員的行為,諸如:殺害特定群體成員;對特定群體成員造成肉體或心理上的傷害;故意破壞特定群體的生活環境,以奪去全部或一些人的性命;阻止特定群體的人生育後代;以強硬手段將特定群體的孩童送去其他社群。」

據《舊約聖經》記載,上帝命希伯來人殲滅亞瑪力人(Amalekite)的部落:「男男女女、初生嬰兒、幼童、公牛、羊隻、駱駝、驢子,一個也不要放過,格殺勿論。」(〈撒母耳記〉十五章第三節)這是符合種族大屠殺定義的古例。二十世紀著名的血例則有二次世界大戰期間,屠殺了六百萬名猶太人、羅姆人(Roma)及其他族群的納粹德國。1915年,鄂圖曼土耳其帝國將亞美尼亞老弱婦孺驅逐出境,押送至敘利亞沙漠等死,是另一近代種族屠殺血例。1994年,非洲盧安達境內大族胡圖族(Hutu)對圖西族(Tutsis)發動了種族大屠殺,在一百天內奪去百萬生靈。艾倫·戴特克斯認為種族大屠殺的動機是因認為特定群體毫無用處,或視其為敵,像撲滅蝨子或跳蚤之類害蟲那樣將其殲滅,因此無法與隨機殺人的一般大屠殺相提並論。有了前文提到的「種族淨化」慘痛的經歷,上世紀各國逐漸攜手合作,終於在2002年創立了國際刑事法庭。

另可參考:死刑(約西元前1772年),斷頭台(1792年),絕種(1796年),《論死亡與臨終》(1969年),行刑隊(1980年),死亡主題觀光(1996年)

沃密寺(Wat Thmey)殺戮之地紀念塔(暹粒市,柬埔寨)。1970年代,紅色高棉(Khmer Rouge)當政,屠殺了逾一百萬人民,包括那些疑似與前政權或外國政府有關的人士、柬埔寨基督教徒、佛教僧侶、知識分子、越南裔、泰國裔及中國裔百姓。

神風特攻隊

岡村基春(1901-1948)·林市藏(約1922-1945)

1944

神風一詞指的是第二次世界大戰時，駕駛飛機擊沉敵方戰艦、壯烈犧牲性命的日本飛行員。美軍強勢壓頂，為挽回頹勢，日本海軍飛行員岡村基春便在1944年提出神風戰略。神風戰機上通常滿載炸藥，至少有四十七艘同盟國戰艦遭擊沉，約四千名飛行員喪生。神風特攻隊的成員一般來說比同盟國軍人來得資淺，也不如他們訓練有素，自殺飛機宛如飛蛾撲火。

有些人是出自愛國心才加入神風特攻隊，將為國犧牲視為一己榮耀，但神風特訓相當殘酷艱苦，重擊臉部、高壓統治乃家常便飯。恐怖主義專家艾瑞爾·梅納力（Ariel Merari）曾說：「從神風特攻隊一例來看，就算無宗教保證你死後上天堂樂園，也會有人發起自殺式攻擊……軍方組織勢力龐大，施予高壓教人不得不從，才會有此神風現象。」

特攻隊員綁著特製頭巾，腰間繫上一千名婦女人手一針縫成的「千針腰帶」，被囑咐飛行攻擊時絕對不可閉上雙眼。他們在臨行前，通常會遵循悠遠流長的武士道傳統，作一首絕命詩朗誦。其中一首詩如此寫道：「昔慧兒熟詩三百，美婦市集送秋波，心澎湃、面如火；而今烈焰燒身骸。」

神風特攻隊員林市藏在1945年4月最後一次出戰前，在家書中寫下：「我很高興有幸選為即將上戰場的特攻隊一員。但一想起你對我抱持的期望……無法盡力哄你開心就要赴死，我深感悲傷。」

另可參考：自殺（約西元前300年），殉道者（約135年），孩童與人祭（1622年），臨終遺言（1922年）

美軍碉堡山號（The USS Bunker Hill）航空母艦在1945年5月遭兩名神風特攻隊員攻擊，約四百人因此喪命。

《草豎琴》

楚門·史崔克福斯·別名楚門·卡坡提(Truman Streckfus, aka Truman Capote, 1924-1984)

1951

《草豎琴》是美國作家楚門·卡坡提在1951年出版的小說，書中鉅細靡遺描述了與已故亡人溝通的方法，令後世讀者心眩神迷。主人翁之一朵莉·陶波（Dolly Talbo）說她在風吹草動聲中，無意間聽見了逝者低語。

小說開頭，朵莉便描述一片位於山腰的墓園附近的草原，草原上長滿顏色隨四季變換的高聳印第安草。字裡行間讀來野草彷彿栩栩如生，「夕陽西沉，草原染上一片紅，猩紅如火光的陰影拂過原野，秋風彈撥枯葉，輕嘆樂音，宛如一只喃喃自語的豎琴。」不久朵莉問：「你聽到沒？那是草豎琴發出的琴音，不斷在訴說著故事。不只是山丘居民，舉凡世人種種，它都瞭若指掌，待我們死後，它也會訴說我們的故事。」當風「將所有人的聲音一網打盡，牢牢記住，再透過樹葉騷擺、野草窸窣來散播死者的呢喃時」，朵莉甚至還能聽見亡父的聲音。

幾世紀以來，許多人曾以大自然隨機出現的現象來與亡靈交流、預卜未來。例如，古人有時會從雲的流動、閃電、溪流及草葉窸窣聲、鳥的飛行軌跡、雞被餵食時的行為及聖馬足跡中，找出蛛絲馬跡。現代人則企圖想從參雜背景噪音的錄音中爬梳亡者的聲音（見超自然電子噪音現象）。

在古西藏和中國，占風師（以風的流動預測吉凶禍福的人）會將貝殼拿至耳畔凝神傾聽，以占卜未來。神祕學學者唐娜·泰森（Donald Tyson）寫道：「傾聽貝殼，放開心胸以容百川，不久你就能稍微聽懂那些隱約的話語片段……隨著幽靈耳語越聽越漸清晰，或許你還會獲邀加入對話。」

另可參考：通靈術（約西元前850年），墓園（1831年），降靈會（1848年），《奧菲莉亞》（1852年），〈猴掌〉（1902年），超自然電子噪音現象（1956年）

朵莉從風吹草動聲中聽見了已故亡人的聲音，那是在位於山腰的墓園附近。草豎琴「將所有人的聲音一網打盡，牢牢記住，再透過樹葉騷擺、野草窸窣來散播死者的呢喃」。

心肺復甦術

詹姆斯·奧蒂斯·伊倫(James Otis Elam, 1918-1995)·
彼得·沙伐爾(Peter Safar, 1924-2003)

1956

要是有人心搏停止、不見呼吸跡象，可以心肺復甦術（CPR）這種急救措施來救命，直到醫療人員抵達為止。心肺復甦術包括胸外按摩（不停按摩胸口來促進血液循環）、口對口人工呼吸，或使用儀器將空氣灌入肺中，有時也會施以電擊來恢復正常心跳。現今急診室多半以胸外按摩為主，而非人工呼吸，尤其是由外行人來進行時更是如此。

1956年，奧地利醫師彼得·沙伐爾為確認供給足夠氧氣的口對口人工呼吸能維持患者生命，便開始進行人體實驗。他讓三十一名志願受試者服下箭毒（一種毒物），麻痺其呼吸器官肌肉，再以空氣灌入肺部，觀測其血氧及二氧化碳濃度長達數小時後，發現空氣含氧量充足，證明口對口人工呼吸的確有效。有鑑於自己的發現和詹姆斯·伊倫等醫師的研究結果，沙伐爾便請挪威一間人偶製造商製作用來練習心肺復甦的模型安妮。在1957年出版的著作《心肺復甦術基礎》（*ABC of Resuscitation*）中，沙伐爾更建議急救者先暢通患者呼吸道，助其呼吸，再施以胸外按摩。此書成了世界各國心肺復甦術訓練的教科書，沙伐爾本人也繼續鑽研其他救命方法，包括可讓無脈搏的重傷病患多活兩小時的低溫療法（見人體冷凍技術）。

《舊約聖經》中提到先知以利沙（Elisha）曾以口對口人工呼吸法救活一名小孩。1767年，荷蘭人道協會（Dutch Humane Society）出版急救手冊，建議急救者要替溺水的人保暖，實施口對口人工呼吸，將「燒菸草的煙搧入直腸」。其他急救法也應運而生，包括將患者臉朝下置於大桶上，滾動大桶急救，或者也可放在奔跑的馬匹上代替。這些方法偶爾見效。

另可參考：復活（約30年），過早埋葬（1844年），人體冷凍技術（1962年），腦死（1968年），不施行心肺復甦術（1976年）

《舊約聖經》〈列王紀〉中，先知以利沙將口放在一名死去的男孩的嘴巴上，然後他就活了過來。這幅描繪以利沙救小男孩的作品是由俄羅斯藝術家帕佛·費德羅維奇·普雷沙諾夫（Pavel Fedorovich Pleshanov, 1829-1882）在1854年所繪。

SPEECH RECOGNITION
OUTPUT LEVEL
L
R
0 1 2 8 12 20 30 45
30 60 90 120 150 180 210 240 270 300
30 60 90 120 150 180 210 240 270 300

超自然電子噪音現象

愛迪生(1847-1931)·尼古拉·特斯拉(1856-1943)·福瑞德·約金森(Friedrich Jurgenson, 1903-1987)·康士坦丁·羅代夫(Konstantins Raudive, 1909-1974)·厄尼斯·聖考斯基(Ernst Senkowski, 1922-)·莎拉·威爾森·艾斯戴普(Sarah Wilson Estep, 1926-2008)

1956

交流電之父塞爾維亞裔發明家、電子工程師尼古拉·特斯拉在1917年一場演講中，坦承「人類的存在仍是未解之謎……光采奪目的現世百態，或許不會因死亡而終結」。1920年，美國發明家愛迪生受訪時說，沒有人曉得「人格會不會轉化形態，進入另一個空間」，但「萬一對方有意接觸的話，應該有辦法發明精密儀器來與這些異世界的存在溝通，這比通靈板或靈媒還派得上用場……」這段話後來刊於《科學人》雜誌上。

超自然電子噪音現象（EVP）指的是在強化過的錄音帶背景雜訊中，聽起來像人聲的謎樣之音。懷疑者認為這些無意間聽到的「聲音」，不過是空想性錯視所致，造成人們過度詮釋隨機形成的事物，像是從雲間看到聖母馬利亞的臉。

1956年，美國攝影家阿提拉·馮·查雷（Attila von Szalay）自認以盤式錄音機錄到了幽靈的聲音，但來自這些無形人士口中的話，不過是像「我是G！」、「熱狗，真噁！」及「祝大家聖誕快樂、新年愉快」之類的日常閒話。瑞典畫家、製片人福瑞德·約金森在1959年左右自稱播放森林鳥鳴錄音帶時，聽見亡母呼喚他的名字，因此超自然電子噪音現象熱潮又再度興起。這領域赫赫有名的研究者及發起人還包括拉托維亞心理學家康士坦丁·羅代夫、莎拉·艾斯戴普（她在1982年創辦了美國超自然電子噪音現象協會）和德國教授厄尼斯·聖考斯基。聖考斯基在1970年代巧創儀器輔助式靈異通訊（ITC）一詞，用來形容靈界訊息出現的裝置，如傳真機、電視螢幕、數位電腦等。

另可參考：通靈術（約西元前850年），降靈會（1848年），尋找靈魂（1907年），《草豎琴》（1951年）

超自然電子噪音現象指的是在強化過的錄音帶背景雜訊中，聽起來像人聲的謎樣的聲音。左方的聲波圖中，水平軸為時間軸，垂直軸為音量大小。

I. Stromo
I. Smynoe
Isles de Fero
I. Sandoe
I. Suydro
I. Vhst
I. Mai
Fulo
I. de Schetland
75
I. Sand
I. Faire
I. Panonia
Isles Orcades
C. Dungwsby
I. Lewis
C. de Nos
G. de Moray
I. S^t. Kildas
Buchann
Isles de l'Ouest
Elgin
Aberdeen
Rokol
Edimbourg
ECOSSE
Barvic
ANGLETERRE
Londonderi
Carlile
IRLANDE
York
Gallouay
Dublin
Chester
B. de Gallouay
Limerik
Yarmou
Cardigan
Oxford
Londres
les Skilings
Corke
G. de S. Georges
Weymouth
Douvre
Falmouth
C. Clare
C. Cornual
I. de Wi
LA MANCHE
les Sorlingues
C. Lezard.
Honfleu
I. d'Ouessant
Brest
Malo

戈爾丁筆下生死夾縫間的世界

威廉·戈爾丁（William Gerald Golding, 1911-1993），
泰瑞·伊格頓（Terence Francis Eagleton, 1943-）

1956

想像在一座位於異度空間的邊陲小島上垂死掙扎，意識流驟將過去和現在纏繞在一塊，腦袋天旋地轉，不知所措。在威廉·戈爾丁1956年的小說《品徹·馬丁》（*Pincher Martin*）中，主人公是二次世紀大戰時期一艘魚雷驅逐艦上唯一的倖存者。遇上船難的馬丁流落到一座偏僻的礁島上，以海草和小水坑的水充飢解渴維生。故事高潮，他遭遇了一場雷電交加的暴風雨。英國文學理論學家泰瑞·伊格頓認為，若在世時吝於施捨，「死後就會像品徹·馬丁那樣，困在求死不能的地獄中。在戈爾丁的小說結尾，馬丁宛如一雙龍蝦巨螯，死死緊護自我暗黑中心，上帝大發慈悲，殘酷地打下黑色閃電貫穿巨螯，他卻抵死不從。」

讀者慢慢發現馬丁其實早在故事開頭就已罹難，死後人的意識竟可能仍留存，也令讀者相當震驚。作家菲利浦·雷佩斯（Philip Redpath）寫道：「黑色閃電是神力的顯現，上帝可同時既仁慈又無情……戈爾丁語焉不詳，並未講明，因此字裡行間無法看出神的制裁與懲罰背後真相究竟為何。他只能以似是而非的言語來捕捉真相。」戈爾丁形容那道黑色閃電不斷刺探巨螯，「以無盡憐憫消磨巨螯，下手毫不留情。」

在本書提到關於瀕死經驗、柏拉圖筆下的厄爾軼事、《吉爾伽美什史詩》的篇章中，主人公都曾大談自身經歷，但馬丁卻無法向世人講述如實逼真、生死夾縫間的世界。一次廣播節目受訪時，主持人向戈爾丁請教書中謎樣的結局，他回答：「要得到救贖，角色個人就必須先毀滅。但要是主角除了貪慾之外，一無所有呢？他原本的靈魂……被求生莫名的飢渴所遮蔽，無藥可救。因此他在臨死之際，也只能拒絕滅亡，在從記憶殘片草創出的世界中載浮載沉。」

另可參考：《吉爾伽美什史詩》（約西元前2000年），地獄（約西元前400年），外邊黑暗（約80年），《伊凡·伊里奇之死》（1886年），模擬來世（1967年），瀕死經驗（1975年），量子永生（1987年）

羅科爾島（Rockall, Rokol）是北大西洋上一座偏遠的無人礁島，據說是《品徹·馬丁》中謎樣來世場景的原型。法國地理學家賈克·尼可拉斯·貝林（Jacque Nicolas Bellin, 1703-1772）在這幅1772年的地圖上畫出羅科爾島周圍地區。

超人類主義

朱利安·赫胥黎(Julian Sorell Huxley, 1887-1975)·麥克斯·摩爾(Max More, 1964-)

1957

生物學家朱利安·赫胥黎在著作《新瓶新酒》(*New Bottles for New Wine,* 1957)中創了超人類主義一詞,他認為:「人類能夠超越自我,不是像那種特例的零星個案,而是全體人類在了解自身潛力無窮、創造新契機後,都能超越自我……未來人類將脫胎換骨,變得與今人截然不同、煥然一新,就像今人與北京猿人那樣判若天淵。我族人類終將踏上真正的天命之途。」

對廣受哲學家、未來學家麥克斯·摩爾等人推崇的現代超人類主義而言,以科技提升人類心智生理機能,逐漸將人改造成「後人類」乃理所當然之事。科技發展日新月異,老化的生物基礎現已釐清,或許在本世紀,我們甚至能藉著基因改造、機器人學、奈米科技、電腦科技、上傳心智至虛擬世界,來達到長生不死的境界。長生不死並非千載難逢,有些像是水螅和水母之類的無脊椎動物基本上都能長命百歲。

若肉體永生不衰,「你」還能真正存留嗎?只要歷經風霜,人都會改變,這些改變相當緩慢,因此現在的你與一年前的你幾乎無異。但若肉體持續不衰,歷經千年之後,心智的變化逐日累積,搞不好最後你的肉身會被完全不同的人所佔據。那名宛如華麗的奧茲曼狄斯(Ozymandias)的千歲之人或許跟你有如天壤之別(譯註:雪萊在著名的十四行詩〈奧茲曼狄斯〉中,描述了古埃及王奧茲曼狄斯半埋荒漠的殘缺雕像,感嘆世事滄桑)。讓你蕩然無存的死亡時刻永遠不會來臨,但你會在數千年間慢慢煙消雲散,如同溶於水中的冰糖,如同遭歲月汪洋侵蝕的沙堡。

另可參考:《吉爾伽美什史詩》(約西元前2000年),《科學怪人》(1818年),人體冷凍技術(1962年),模擬來世(1967年),量子永生(1987年),計畫性細胞死亡(2002年)

美國科學家、經濟學家法蘭西斯·福山(Yoshihiro Francis Fukuyama, 1952-)稱常牽扯到以科技提升人類心智生理機能的超人類主義是世界上最危險的想法。

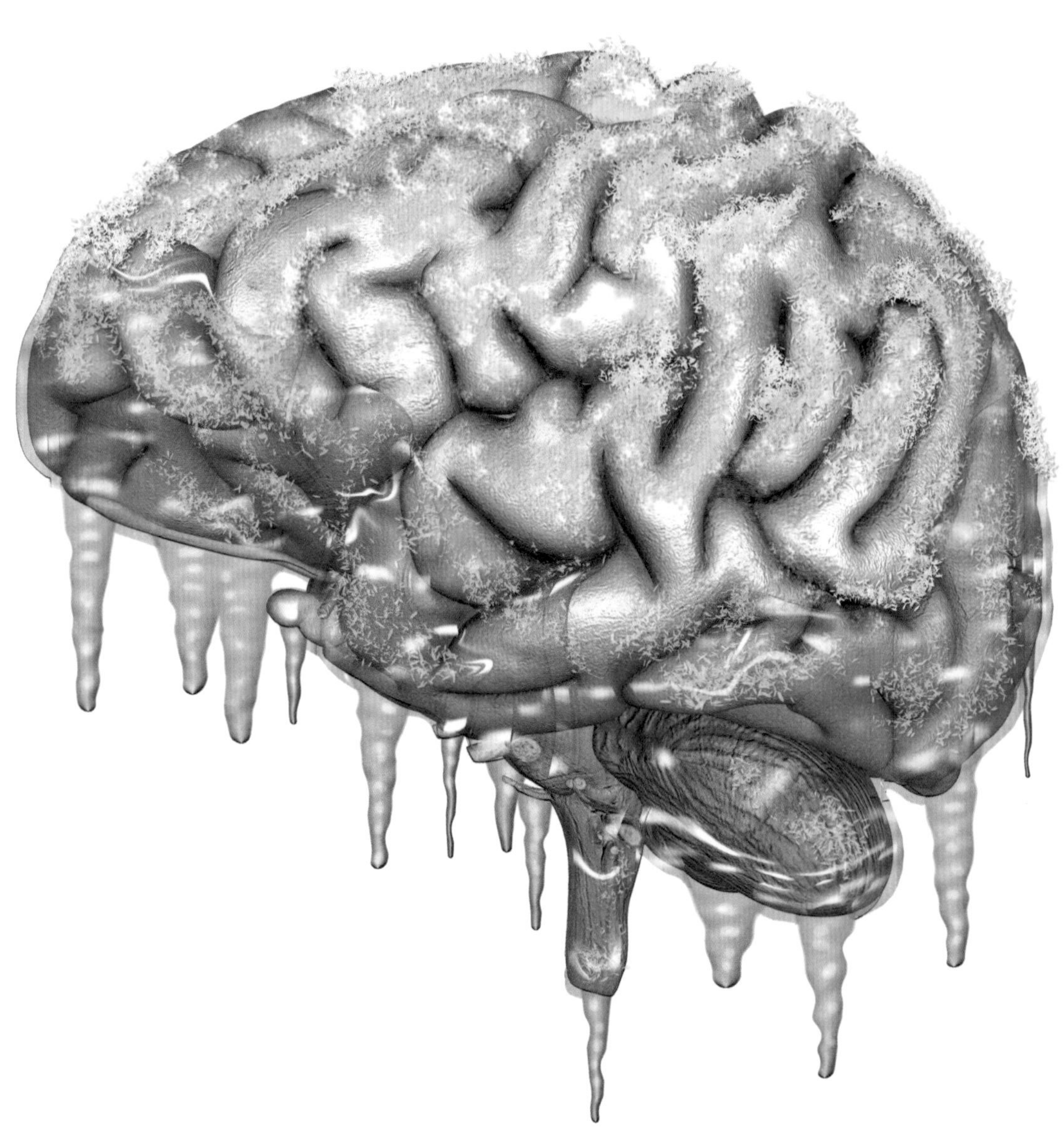

人體冷凍技術

班傑明·富蘭克林(Benjamin Franklin, 1709-1790)·
羅伯特·切斯特·威爾森·艾丁格(Robert Chester Wilson Ettinger, 1918-2011)

1773年，美國政治家班傑明·富蘭克林為自己活在「科學才剛起步的蠻荒世紀」感到無比遺憾，因當時無法將屍體保存完好日後再度復活，他雖「亟欲親眼目睹美國百年後的榮景」，卻力有未逮。現代的人體冷凍設施，可在人死後將血液換成保護液，這些防凍劑可減少冰晶形成，防止人體組織受損，屍體冷凍後便可長期保存。若當時有此技術，或許富蘭克林也能蒙其惠。人體冷凍學家企盼未來科技能進步到使這些患者復生，治癒百病。況且，若思想主要來自大腦結構，以其他材料製成、甚至是以軟體模擬出的人腦或許也能思考。

復甦冷凍人體並非異想天開之事，畢竟復甦冷凍胚胎來產出健康嬰兒早已司空見慣。作家羅伯特·艾丁格在1962年出版其作《永生不死的前景》(*The Prospect of Immortality*)，此書探討了保存人體的可能性，也推進人體冷凍技術新時代的發展，現已能用液態氮將人體或頭部保存在華氏負三百二十度(攝氏負一百九十六度)左右的低溫中。2006年，哈桑·阿拉姆(Hasan Alam)讓豬隻陷入假死狀態，冷凍豬隻無脈搏跳動，無血液流動，也無任何腦電活動，身體組織也無含氧。幾小時後，阿拉姆將溫血灌入豬身後，豬隻便活了過來。根據阿拉姆的說法：「一旦心臟跳了起來，血液開始流動，你看，嶄新的生命就從陰間重返陽世了……我認為由技術層面來看，用在人類身上也行得通。」

虔誠敬神的讀者可以想一想：若你身首互離，但科學家能將你的大腦凍起，待百年後再讓你復活，在大腦休止的這段期間，你是否進入了來世呢？

另可參考：木乃伊(約西元前5050年)，解剖(1761年)，科學怪人(1818年)，屍體防腐術(1867年)，尋找靈魂(1907年)，超人類主義(1957年)，腦死(1968年)，瀕死經驗(1975年)，計畫性細胞死亡(2002年)

人體冷凍設施可將血液換成保護液後，再將人頭(無論有沒有連著身體)冷凍起來長期保存。防凍劑可減少冰晶形成，若無防凍劑，腦部組織將會如左圖那樣受損。

溫蒂妮的詛咒

帕拉賽爾斯（Paracelsus, 1493-1541）·尚·吉洛杜（Jean Giraudoux, 1882-1944）

1962

「啊，睡吧。香甜入眠吧。」作家伊恩·藍道（Ian Landau）寫道。「沉沉睡去，深陷甜美夢鄉，人生之樂莫過如是。不過，倘若不小心墮入無意識就足以喪命，令你不敢入睡的話，該如何是好呢？」這是遭溫蒂妮（Ondine）的詛咒纏身的患者的夢魘，罹患這種疾病的人，平常呼吸無礙，但夜晚入睡後喪失意識，就可能停止呼吸。病名由來是民間傳說中的水仙子溫蒂妮（或烏丁娜）之名，因情人不忠，她詛咒他得無時無刻記掛著要呼吸，否則就會喪命 。

溫蒂妮的詛咒正式學名為先天性中樞性換氣不足症候群（CCHS），為罕見的中樞神經系統先天性疾病，後天若腦幹受損也有可能出現此症狀。研究發現，許多患者身上製造神經元發展所需的蛋白質的PHOX2B基因會出現突變。一篇1962年發表的論文提到，成年病患在動了上脊髓和腦幹的手術後，會出現相關症狀，溫蒂妮的詛咒一詞在此首度用作醫學術語。患者需動氣管造口術或接上呼吸器才能存活。

溫蒂妮也曾在中世紀瑞士醫師帕拉賽爾斯筆下出現過，是形似人類的妖精，棲居在一般人一無所知也無法觸及的異世界。在法國劇作家尚·吉洛杜1938年的劇作《溫蒂妮》中，俠客漢斯在森林湖畔邂逅水妖溫蒂妮而墜入情網。

臨床神經科學家、詩人雷蒙·塔利斯（Raymond Tallis）以誇張的口吻如此形容溫蒂妮的詛咒：「空氣在我們的頭部內流通，源源不絕。從出生時第一次呼吸、而後馬上嚎啕大哭，直到最後嚥氣，我們都不斷呼吸著空氣。」

另可參考：過早埋葬（1844年），心肺復甦術（1956年）

這幅照片是由攝影家卡爾．馮．斐成（Carl Van Vechten, 1880-1964）所攝，照片中的人是女演員瑪莉安．薩德斯（Marian Seldes, 1928-2014）。她在1954年一齣改編自法國劇作家尚．吉洛杜作品《溫蒂妮》的戲中飾演柏莎（Bertha）。柏莎公主與未婚夫漢斯、水妖溫蒂妮陷入了錯綜複雜的三角戀情。

模擬來世

康拉德·楚澤(Konrad Zuse, 1910-1995)·馬丁·里斯(Martin Rees, 1942-)·保羅·戴維斯(Paul Charles William Davies, 1946-)

人類對宇宙的認識逐日加深，現也能以電腦模擬錯綜複雜的世界，就連嚴謹的科學家們也不禁質疑起實相的本質。德國工程師康拉德·楚澤在1967年率先提出宇宙不過是一台數位電腦的假說。我們是否可以活在電腦模擬中？抑或能將心智上傳至電腦晶片，在模擬的現實中度過來世？

我們已在自己的一方小天地裡，運用軟體及數學原理製作出能模擬似生命行為的電腦。打造出像雨林般五花八門、生機勃勃、有智能生物生存的模擬空間，也指日可待，或許甚至能模擬現實本身。茫茫太虛中，可能早已有遠比人類更先進的生物正在擺弄神之手。

要是模擬宇宙的數目超越宇宙本身的數量呢？天文學家馬丁·里斯說「如果一個宇宙中有許多電腦不斷進行模擬」，模擬數最終會大於宇宙本體數，到時我們就全成了人工智能。里斯認為：「假設多重宇宙論假說為真，這些宇宙中照理說會有一處能模擬出自身，如此無限迴歸下去，現實界限究竟為何也難以得知……宇宙本體無窮無盡，模擬宇宙也廣袤無垠，我們終究會迷失其中。」

天文物理學家保羅·戴維斯則說：「我們最終會在電腦中打造出虛擬世界，裡頭居民渾然無所覺自己是科技模擬出來的產物。每個太初世界都可能衍生出數量驚人的虛擬世界，其中甚至還有機器模擬虛擬中的虛擬世界，如此無限循環下去。」

要是你可以選擇活在虛擬極樂來世，享有數百年壽命，你會奮不顧身投胎嗎？或許在那裡，思慮更清晰、愛得更深切，嶄新際遇時時可見，人變得更有創意，生活充實祥和、多采多姿、功成名就，現實世界宛如天馬行空的幻想，在此都能一一實現。

另可參考：戈爾丁筆下生死夾縫間的世界（1956年），超人類主義（1957年），量子永生（1987年），量子復活（一百兆年之後）

電腦越來越先進，或許有一天能模擬既奇幻又逼真的世界，甚至可打造出現實本身。

安寧療護

珍．加尼耶（Jeanne Garnier, 1811-1853）．西西里．瑪麗．桑德斯（Cicely Mary Saunders, 1918-2005）．伊麗莎白．庫伯勒．羅斯（Elisabeth Kübler-Ross, 1926-2004）

1967

安寧療護一詞指的是照護末期病患的哲學思維及方式，常見的照護包括減輕臨終患者的痛苦，並兼顧其心理精神層面的需求，可於醫院、療養院或患者自家進行。

十四世紀時，屬基督教軍團的耶路撒冷聖約翰醫療騎士團（Knights Hospitaller of St. John of Jerusalem）在希臘羅德島（Island of Rhodes）建立了類似安寧療護院的設施來照顧病人及臨終患者。1842年，痛失愛子的寡婦珍．加尼耶出一己之力，在法國里昂協助開設了十字聖母安寧療護院（L' Association des Dames du Calvaire）。

身兼護理師、醫師、作家三職的英國人西西里．桑德斯為創辦近代安寧療護院的鼻祖。她以「無須為治癒而治療」這句話，定義了安寧療護運動的使命，並於1967年在南倫敦開設了聖克里斯多福安寧療護醫院（St. Christopher's Hospice）。

正當桑德斯為推廣安寧療護奔走英美兩國之時，有感於臨終不見得非得淒苦難當的瑞士精神科醫師伊麗莎白．庫伯勒．羅斯，也在思索醫院和社會究竟該如何看待絕症。1972年，庫伯勒．羅斯在美國參議院老化議題特別委員會（U.S. Senate Special Committee on Aging）上剴切陳辭：「我們活在極度拒斥死亡的社會。臨終者和老人不時提醒我們生命必有終結的一日，於是我們將他們與世隔離，眼不見為淨。我們不該將人關進病院，而是該多提供患者家人家庭照護及探訪護士等服務，以減輕患者及親族的精神、情緒、經濟負擔，使自家臨終照護順利進行。」

桑德斯本人則在她親手創辦的倫敦安寧療護醫院駕鶴歸西，享年八十七歲。臨死前，她寫下這段話：「你就是你，正因如此你才舉足輕重，直到你嚥下最後一口氣為止。我們會竭盡所能，助你活得安然如己，直至祥和歸天。」

另可參考：《伊凡．伊里奇之死》（1886年），人體冷凍技術（1962年），《論死亡與臨終》（1969年），瀕死經驗（1975年），不施行心肺復甦術（1976年）

這幅多明尼克．帕佩蒂（Dominique Papety, 1815-1849）的畫，描繪了1291年的亞克圍城戰（Siege of Acre）。畫中，醫療騎士團團長馬修．德．克萊蒙（Matthieu de Clermont）正捍衛城牆力抵穆斯林侵略。不久後，耶路撒冷聖約翰醫療騎士團便撤到羅德島，並在島上創立第一間安寧療護院。

腦死

1968

「昔日現代科技發明尚未問世，只要人心跳呼吸停止、魂魄離體，就會被判定死亡，」神經科學家卡利斯托·馬查多（Calixto Machado）如此寫道。「不過隨著科技進步，人對死亡的概念也與時俱進，醫界及社會不得不重新定義死亡，不再像古時候以心肺功能為診斷依據，而是以大腦神經運作為主。」

腦死其中之一的定義為因心臟驟停、中風、血栓塞造成血氧無法供給至大腦，導致全部大腦功能永遠喪失，即使心臟仍未停止跳動，身體卻無法自主呼吸。法律上通常視腦死病人為正式死亡，其器官可摘除捐贈。1968年，哈佛醫學院發表了判定腦死標準的劃時代報告。雖然腦電圖（EEG）可作為判定腦死的依據，但因腦電活動可能過低無法量測，並非絕對可靠。要判定一個人腦死，明顯依據應為無任何腦幹反射活動，像是瞳孔對光無反應，耳朵潑進冰水或以棉花棒戳時眼睛眨也不眨，作嘔反射也不存在等。不像植物人（PVS）可自行呼吸或有睜眼等覺醒徵兆，腦死病人完全沒有康復的機會。醫師在判定一個人腦死前，必須先排除其他可能造成類似腦死症狀的原因，像是低溫症或過量服用巴必妥酸鹽等藥物。

然而，生死之間界限依舊模糊不清。腦死病人的器官仍持續運作，傷口也會癒合。有時他們也會像麻醉不當的病人那樣，在手術刀切身當下作出反應，血壓變高、心跳加速。他們會顫抖，會擺動雙臂，受愛撫時也會有生理反應。也曾有母親在宣告腦死數月後產下嬰兒。

另可參考：過早埋葬（1844年），安樂死（1872年），尋找靈魂（1907年），洛夫克拉夫特的幽靈人種（1922年），心肺復甦術（1956年），人體冷凍技術（1962年），瀕死經驗（1975年），不施行心肺復甦術（1976年），計畫性細胞死亡（2002年），宇宙之死（一百兆年之後）

這件為僧侶打造、收藏於巴爾的摩（Baltimore）沃爾特斯藝術博物館（Walters Art Museum）的象牙垂飾（約1600年），展現了模糊的生死交界，像是腦死病人器官仍運作著，傷口會癒合，對刺激也有反應。

殭屍

左拉·尼爾·赫斯頓（Zora Neale Hurston, 1891-1960）·喬治·羅密歐（George A. Romero, 1940-）
艾德蒙·韋德·戴維斯（Edmund Wade Davis, 1953-）

殭屍大師納森·布朗（Nathan Brown）曾言，在死亡面前「眾生平等」。死亡「最終會降臨在所有人身上，無人能掙脫死神冰冷的懷抱。生而於世，孰能無死，此乃人間少數不容置疑的真理。或許就是因為這樣，才會一想到如此偉大的真理有可能遭擊潰，就令人感到無比毛骨悚然……若生命的終點不是死亡，人類又該何去何從？」

人們通常認為殭屍是經施法或以科學方法動手腳後，會動的屍體。近來殭屍片盛行，銀幕中蹣跚而行、下顎鬆脫、時而滿身腐肉的殭屍，增殖速度駭人，令人望之喪膽。現代人對殭屍越來越感興趣，催生出不少佳作，人稱「殭屍教父」的喬治·羅密歐於1968年執導的電影《活死人之夜》（*Night of the Living Dead*），便為其中數一數二的代表作。

而殭屍概念的源起實可溯及多年之前。根據源於西非伏都教（Vodun）的海地巫毒教（Vodou）教義，巫師能令死者復活。1937年，身兼人類學家及作家的左拉·尼爾·赫斯頓曾提出報告說海地有狀似女殭屍之物出沒，在當時掀起軒然大波。民族植物學家韋德·戴維斯更語出驚人地表示，海地人可能是以從河豚身上提煉出的河豚毒素（tetrodotoxin）先使人陷入假死狀態，進而營造出復活的錯覺。

只要是人都會怕死，對於死亡的神祕，各人看法不一，人也無法掌控死亡，而殭屍研究迫使我們不得不面對死亡。殭屍專家克里斯多福·莫爾門（Christopher Moreman）和科瑞·拉希頓（Cory Rushton）曾寫道：「殭屍不但反映出人終有一死的殘酷事實，也反映出社會腐敗的前兆。觀眾看了不得不去思考毫無意義地活著的可能性……在探討活死人的陰暗面之時，我們也會意識到，自己可能也或多或少像個已死的活人。」

另可參考：泥人（1580年），《科學怪人》（1818年），《吸血鬼》（1819年），〈猴掌〉（1902年），洛夫克拉夫特的幽靈人種（1922年）

最近諸如《陰屍路》（*The Walking Dead*）的殭屍片及影集大受歡迎，片中殭屍多是因爆發流行病或生化危機而感染病原體的人類。

《論死亡與臨終》

伊麗莎白·庫伯勒·羅斯（1926-2004）

伊麗莎白·庫伯勒·羅斯為近代探索死亡議題的先驅，這位名聞遐邇的精神科醫師以探討末期患者療護的創新研究，翻轉世人對臨終照護的看法。行醫之餘，她也致力於查證死後是否還有來世。在訪談過無以計數曾有瀕死經驗的人後，她認為所搜集到的證據足以證明來世存在。

她是在參觀二次世界大戰集中營時對死亡與臨終產生興趣。在波蘭馬伊達內克（Maidanek，又拼作Majdanek）集中營內，她發現了囚俘死前在牆上刻下的蝴蝶：

> 一切始於馬伊達內克……我在這裡努力想了解孩童是如何在喪親、失去家園學校後，踏入毒氣室……這些孩子在營區牆上畫滿了蝴蝶。在我看來實在難以理解。數以千計的孩童被送進毒氣室，而其遺言竟然是隻蝴蝶。

1962年，她邀請了罹患血癌、命不久矣的青少女來課堂上，這堂課無論對她的學生或對她自身皆影響甚鉅。席間醫學生紛紛提問，問女孩的血檢結果及其他醫學相關問題，女孩卻斥責他們荒唐至極。為何不問她連參加高中畢業舞會都不敢去想的感受是什麼？為何不問她甚至連長大也不敢去想的感受是什麼？為何醫生未曾告訴她真相？下課前，學生皆忍不住放聲啜泣。庫伯勒·羅斯醫師見狀頷首，這才告知學子，現在他們終於能體會何謂憐憫之心。

庫伯勒·羅斯在1969年出版的著作《論死亡與臨終》中，提到臨終者所歷經的悲傷通常有五個階段：否認、憤怒、討價還價、沮喪、最後是接受。她也發現，若臨終者回顧來時路時覺得不枉此生，大都能坦然接受死亡。

另可參考：鬼臉天蛾（1846年），行屍症候群（1880年），《伊凡·伊里奇之死》（1886年），臨終遺言（1922年），種族大屠殺（1944年），安寧療護（1967年），瀕死經驗（1975年）

在這幅提醒人記得自己終將一死的畫中，菲利浦·德·尚波（Philippe de Champaigne, 1602-1674）以花朵、骷髏頭及沙漏傳達出生命短暫、死亡無可避免的意境。

瀕死經驗

柏拉圖(Plato, 428-348 BCE)，耶羅尼米斯·波希(Hieronymus Bosch, 1450-1516)，泰戈爾(Rabindranath Tagore, 1861-1941)，雷蒙·穆迪(Raymond Moody，1944-)

孟加拉詩人泰戈爾曾寫道：「死亡並非撲滅光明，是因天已破曉，而將燈滅熄。」人在垂死之際身心異動之謎，長久以來令科學家及神祕主義者絞盡腦汁也想不透。雷蒙·穆迪醫師的暢銷大作《死後的世界》(*Life After Life*)於1975年問世，書中大談失去生命跡象(有些人還被醫師宣告死亡)後又復活的案例。其中一些人曾有靈魂出竅浮上天花板之類的瀕死經驗(穆迪自創的新詞)，也有人看見隧道末端發出的光後，感到平靜或不再害怕死亡，不過也有少數人因瀕死經驗而痛苦加劇。有些人還稱見到醫生正賣力替自己急救。

雖然有學者認為瀕死經驗可證明來生的存在或意識會離體，也有學者以純生物學的角度來解釋此現象，認為瀕死經驗乃因大腦供氧不足(缺氧)或血液中二氧化碳濃度過高(高碳酸血症)所產生的幻覺。還有學者推測，瀕死經驗中的飄飄然感是腦部化學物質腦內啡所導致。研究者實驗後發現，施用迷幻劑K他命也會出現類似瀕死經驗的意識異樣感。然而，由於瀕死經驗通常會對當事者造成重大長遠的心理影響，就算是幻覺也好，醫師仍前仆後繼地研究此現象。

當然，瀕死經驗早非新鮮事。柏拉圖的《理想國》(*The Republic*)中便曾見相關記載。一位名為厄爾(Er)的軍人喪命後，朝著「一道如柱光芒前行，那道光像彩虹，卻比彩虹還要來得耀眼純亮」。厄爾復活後，一見人便大談在彼世的經歷。荷蘭藝術家耶羅尼米斯·波希在1500年左右創造了一幅驚世之作《真福者升天》(*Ascend the Blessed*)，畫中也描繪了亡靈通過隧道朝光芒前進的景象。

另可參考：尋找靈魂(1907年)，人體冷凍技術(1962年)，安寧療護(1967年)，腦死(1968年)，《論死亡與臨終》(1969年)

《真福者升天》是荷蘭藝術家耶羅尼米斯．波希所繪的四聯畫之一，四幅畫統稱為《死後視界》(*Vision of the Hereafter*)。

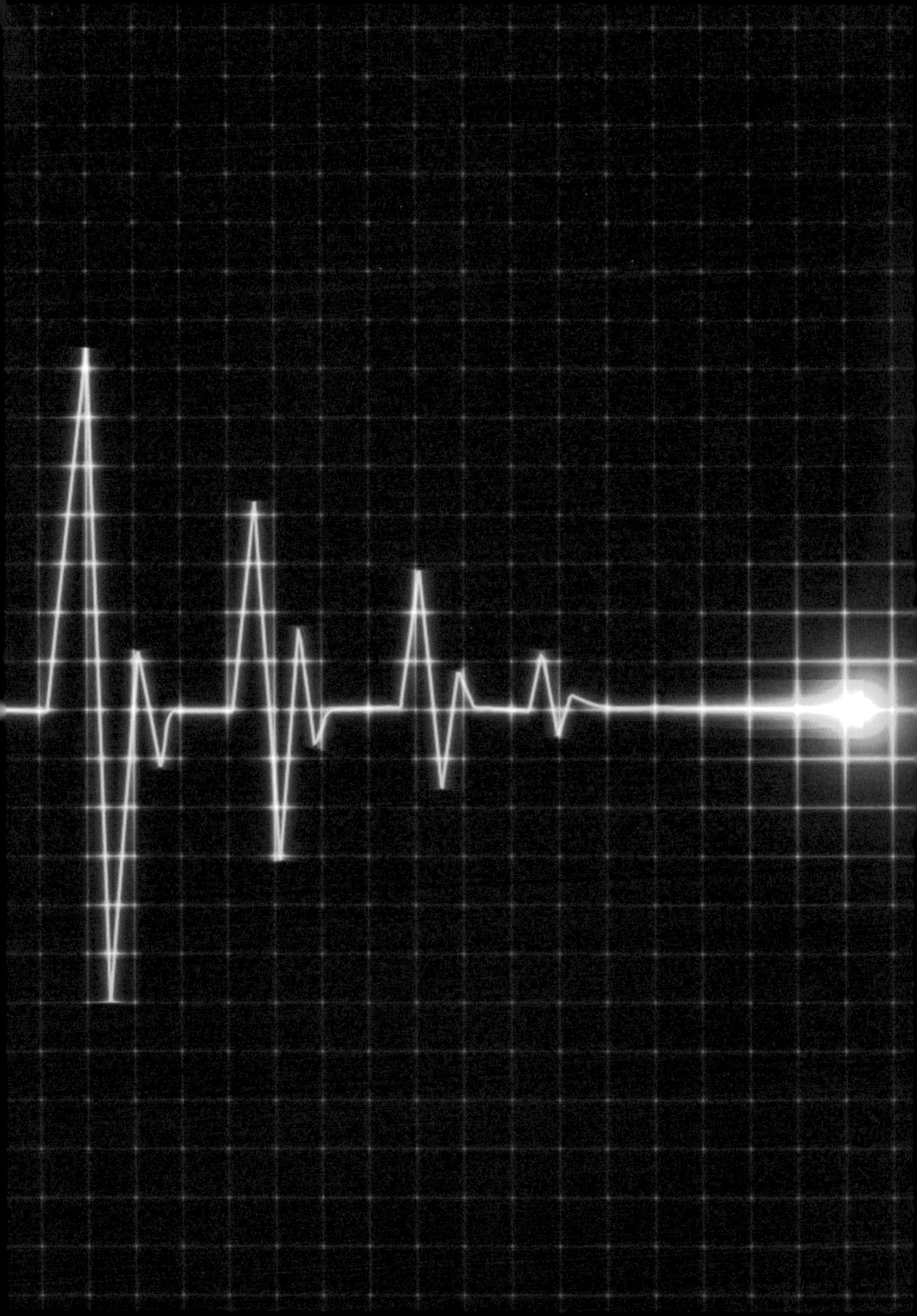

不施行心肺復甦術

凱倫·安·昆蘭(Karen Ann Quinlan, 1954-1985)

1976

民權領袖小馬丁·路德·金曾言：「人生重質而不在久長。」的確，近數十年來，人們一直對醫師究竟該不該讓臨終或昏迷不醒的病人死亡爭論不休。法律學教授威廉·伍德夫（William A. Woodruff）寫道：「醫學日漸先進，現在幾乎已能無止境維持病人生命，世人也因此質疑起這些先進技術的價值。若病人終生昏迷，無法與周遭互動……也喪失基本認知功能，讓他活著目的何在？」

諸如此類的疑慮催生出美國及其他國家現今的不施行心肺復甦術（DNR）法令。有了此法規範，病人及受委任者可指定當心跳或呼吸停止時，勿施行心肺復甦術。1976年，紐澤西最高法院（New Jersey Supreme Court）判昏迷的凱倫·安·昆蘭之父有權決定移除她的人工呼吸器。此案為美國通過不施行心肺復甦術法令的重大里程碑。1991年，美國〈病人自決法〉（Patient Self-Determination Act）規定醫院必須尊重病人對醫療的決定，有行為能力的病人有權拒絕治療。病人若簽署不施行心肺復甦術，院方不得施予高級心臟救命術，也不會進行心肺復甦術。

當然，不施行心肺復甦術法令對醫療系統衝擊也不小。例如，在現行不施行心肺復甦術法令下，若院方違背病人意願將其救活，便會因「不當生命」（wrongful life）侵權而吃上官司。在潘恩對馬里昂綜合醫院一案中（Payne v. Marion General Hospital, 1990），法庭也判應病人親戚請求而施行心肺復甦術的醫師有罪。檢方發現病人去世前幾分鐘時仍有行為能力，醫師應徵求其意見。

另可參考：安樂死（1872年），心肺復甦術（1956年），安寧療護（1967年），腦死（1968年），瀕死經驗（1975年）

這幅以藝術形態呈現的心電圖脈衝呈水平線狀，代表心跳停止。

行刑隊

奧斯卡·羅梅羅（Óscar Arnulfo Romero y Galdámez, 1917-1980）

中美洲小國薩爾瓦多（El Salvador）在1980年爆發慘烈的內戰，從此便成了政治恐怖、人權迫害及西班牙文為「死亡大隊」的行刑隊的代名詞。1980年3月，薩爾瓦多大主教奧斯卡·羅梅羅在醫院教堂望彌撒時遭人暗殺，兇手為行刑隊，其中還包括薩爾瓦多國防隊的軍人。羅梅羅極力替窮人發聲，呼籲薩爾瓦多行刑隊收手，不要再替政府作倀壓迫人民。同年11月，拉丁美洲專家辛西亞·阿爾森（Cynthia J. Arnson）表示，「極左翼反對黨領袖們在記者會上全數遭人公然擄走、謀殺肢解，屍塊棄於首都市郊。」十二月時，四名美國傳教士慘遭一群軍人輪姦謀殺，棄屍在一處淺墓中。阿爾森寫道：「事發後十年間，無以計數的薩爾瓦多人——大學教授、貿易工會會員……及人權工作者——遭人刻意或不分青紅皂白奪去性命。」

行刑隊不僅拉丁美洲才有，世界各地皆可見其蹤跡，背後常有政府撐腰，通常橫行於軍事獨裁或極權國家，有時也會出現在民主國家，尤其是在戒嚴時期。1850年左右的加州淘金潮時期，加州政府曾出資組成了行刑隊，屠殺印第安人，資金多大多來自聯邦政府。

行刑隊跟恐怖分子及私刑者大同小異，但有些恐怖分子會以隨機、出乎意料的方式「示警」，行刑隊則是傾向以特定目標為主，而動用私刑的人通常是出於私人動機，自發行事。行刑隊一詞通常不會用來形容兩國開戰時出征作戰的士兵。

另可參考：死刑（約西元前1772年），斷頭台（1792年），種族大屠殺（1944年）

在恐怖伊凡（Ivan the Terrible, 1530-1584）的統治下，若疑似出現內賊，為其效命的特轄軍就會折磨謀殺嫌犯。俄國藝術家尼可雷．奈夫瑞（Nikolai Nevrev, 1830-1904）在畫作《特轄軍》（*The Oprichniki*）中，描繪了一名因叛國罪而遭逮捕的男子，為嘲諷他所謂的野心，特轄軍還逼他坐上王位。

量子永生

漢斯·莫拉維克(Hans Moravec, 1948-)·馬克思·泰格馬克(Max Tegmark, 1967-)

1987

科學家漢斯·莫拉維克在1987年提出驚世駭俗的量子永生假說，其後物理學家馬克思·泰格馬克也推崇跟進。此假說仰賴量子力學中的多世界詮釋，據其原理，每當宇宙(「世界」)遇到量子層次的岔路選擇時，就會出現不同的可能性，進而分裂成多重宇宙。

量子永生派的科學家認為，多世界詮釋代表人可長生不死。舉例來說，假設你即將坐電椅伏法，幾乎在所有平行宇宙中，你都會遭電椅處死，但還是有少數例外。比如行刑者按下開關時剛好跳電，你大難不死，得以在電椅故障的宇宙裡活下去，永生不死。

來做個思想實驗好了。試想鮑伯的腦電極會隨放射性原子衰變狀態而觸發，每做一次實驗，電極就有一半機率會觸發，令鮑伯不受任何苦痛而死。若多世界詮釋理論正確，每次做實驗鮑伯的世界就會分裂成兩個，一個是他因電極觸發而驟逝的宇宙，另一個是他安然無事的宇宙。實驗做上一千次，鮑伯搞不好還活得好好的。在電極觸發的宇宙中，他是一命嗚呼沒錯，但從仍活著的鮑伯的角度來看，電極實驗會永無止境地進行下去。因為每次多重宇宙的分支中，都有倖存下來的版本，他會一直永生不死。

另可參考：電椅(1890年)，超人類主義(1957年)，模擬來世(1967年)，量子復活(一百兆年之後)

支持量子永生派的人認為，我們可以永遠逃離死亡如影隨形的魔掌。

死亡主題觀光

為何像倫敦地牢那樣重現各種血腥殘酷、屍橫遍野的歷史事件的觀光景點，總是令人 1996
們趨之若鶩呢？死亡主題觀光（又稱黑暗觀光）不僅能娛樂大眾，到包括紐約市世貿中心遺址在內的暗殺或大屠殺現場實際一遊，體驗死者所受的苦難，也極具紀念或教育價值 。

黑暗觀光專家史蒂芬妮·尤伊爾（Stephanie Yuill）列舉了更為著名的景點：「許多曾有人慘死或發生災難的場所，現在吸引了世界各地上百萬遊客前來朝聖：奧斯維辛集中營、安妮之家、貓王故居雅園（Graceland）、奧克拉荷馬市、蓋茲堡（Gettysburg）、維米嶺（Vimy Ridge）、索姆河（the Somme）、阿靈頓國家公墓等，不勝枚舉。」旅遊專家約翰·藍諾（J. John Lennon）及馬爾科姆·弗雷（Malcolm Foley）等學者將此現象命名為黑暗觀光後，這一詞便流行起來。黑暗景點（包括墓地商業化經營）的概念起於1993年，1996年，英國觀光教授湯尼·席頓（Tony Seaton）創了死亡主題觀光一詞。

世人對他人災難感興趣早已算司空見慣，打從維多利亞時代，英國便流行參觀公開處刑和殮房。藍諾提醒我們：「1815年滑鐵盧之戰開打時，當時的貴族還在戰火無法波及的遠處眺望戰況。美國南北戰爭最早的戰場之一（馬納薩斯）戰後翌日就成觀光景點。」

「現實世界的黑暗觀光業究竟有多黑暗？」《新科學家》（*New Scientist*）叩問。「演員詹姆斯·狄恩的影迷每年都會在他的忌日，到當時死亡現場『重新體現』他的死，開著類似的車，親身體驗演員生前最後一刻。天知道他們究竟想尋求什麼。」藍諾認為，黑暗景點不容小覷，因其「見證了人類老是重演暴行，無法抑制兇殘心性」。若能好好管理這些景點，大眾就能「從暗黑歷史中學到教訓，但不少景點只為滿足窺探欲、剝削大眾，需小心防範」。

另可參考：藏骨堂（約西元前1000年），塔納托斯（約西元前700年），墓園（1831年），迪索畫筆下的耶穌受難日（約1890年），種族大屠殺（1944年）

倫敦地牢（1974年開業）重現了各種血腥殘酷、屍橫遍野的歷史事件。這座雕像出現在博物館外牆。

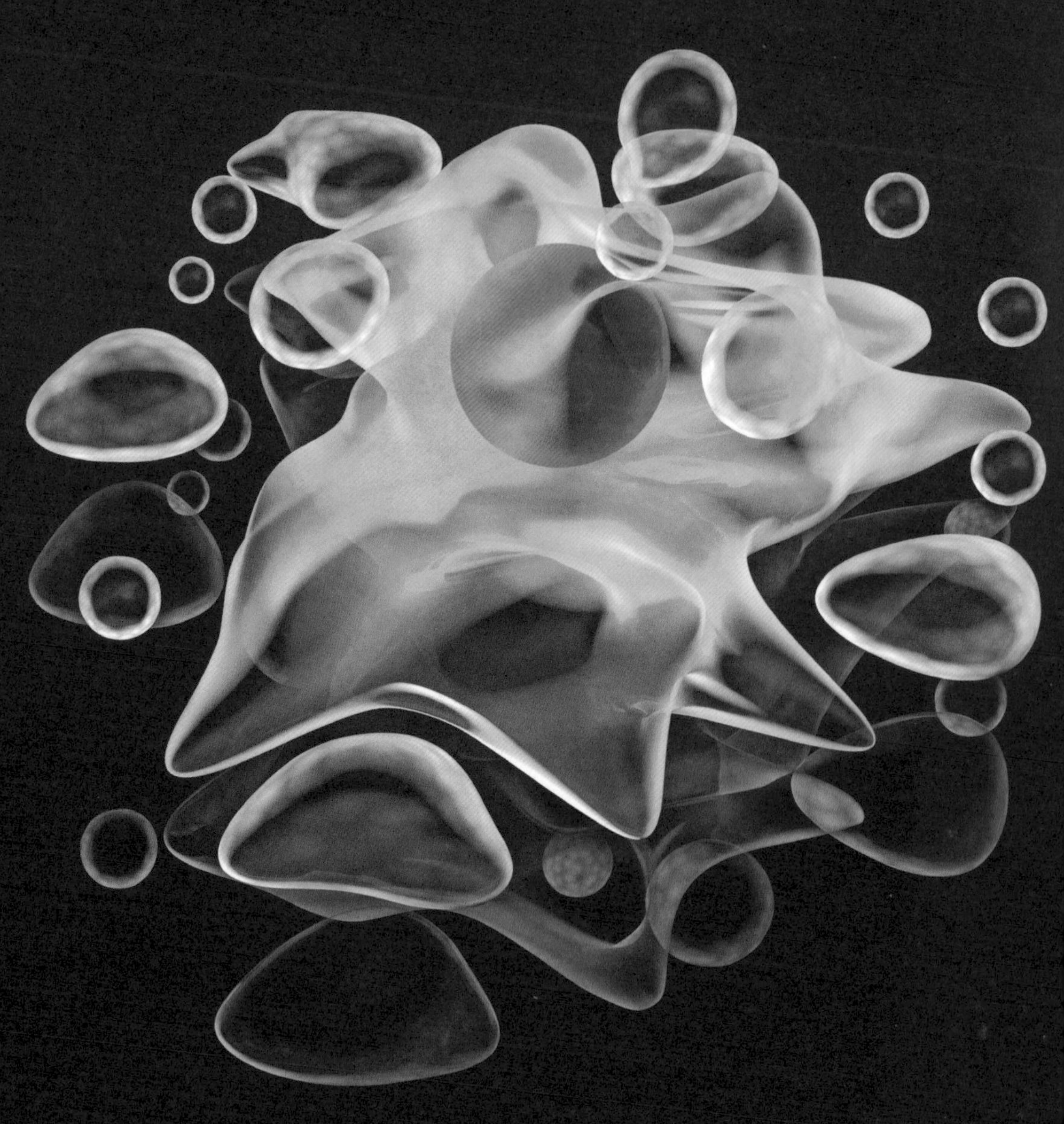

計畫性細胞死亡

計畫性細胞死亡（又稱細胞凋亡）為人體細胞自殺的調節式死亡過程，多虧有此機制，我們如今才能活得好好的。事實上，若指頭間的區域在胚胎發展時沒發生這類的細胞自殺，我們早就長蹼了。計畫性細胞死亡的過程至關重要，科學家甚至還頗有詩意地稱之作「以死賜生的海妖之歌」。分子生物學家蓋瑞·梅林諾（Gerry Melino）及大衛·馮克斯（David Vaux）寫道：「想像一名八十歲的老人，缺乏恆定性死亡過程來平衡牽制，任憑體內有絲分裂（細胞分裂）不斷進行下去。後果就是皮膚面積廣至兩平方公里（四百九十四英畝），骨髓和淋巴結重達兩噸，腸子長達十六公里（九點九英里）。的確，若非細胞死亡的牽制，有絲分裂可是會造成腫瘤病變（腫瘤增生）的。」

隨著昆蟲細胞（1964年）及老鼠肝臟細胞計畫性細胞死亡（1965年）的論文出版，此領域也日漸引人注目。2002年諾貝爾物理學獎或醫學獎也頒給了發現控制細胞凋亡之基因的研究者。成人每天約有六百億細胞凋亡，但細胞凋亡過盛也可能導致阿茲海默症及帕金森氏症等疾病。內部細胞程式會調節基因及蛋白質表現，因此一旦變得老化殘弱、出現自毀傾向，細胞便會自殺。鄰近細胞也會送出化學信號，啟動細胞自殺。

新聞記者莫莉·愛德蒙（Molly Edmonds）寫道：「細胞不得不自殺時……凋亡蛋白酶便會活化，將人體賴以維生的細胞部件逐一拆毀，並刺激去氧核糖核酸酶（DNases）生成，破壞細胞核中的去氧核糖核酸（DNA）。就像人氣樂團開唱嗨翻全場後，便輪到巡迴樂團管理員將舞台拆除了。」而巨噬細胞則如吸塵器，會將死去的細胞清除得一乾二淨。

另可參考：超人類主義（1957年），人體冷凍技術（1962年），腦死（1968年）

細胞凋亡的過程以藝術形態呈現。在多細胞有機體內，若細胞已無用處，便會啟動細胞內死亡程式來自我了結。細胞凋亡要是失常（過與不及皆然），會導致自體免疫疾病、神經退化性疾病及多種癌症。

宇宙之死

史蒂芬·霍金(1942-)·佛瑞德·亞當斯(Fred Adams, 1961-)

詩人羅勃·佛洛斯特寫下:「有人說世界將毀於火,有人說將毀於冰。」宇宙的幾何形狀、暗能量的作用、物質數量及其他種種因素,掌握了宇宙最終的命運。天體、星系、黑洞一旦消亡,我們現居的滿天星辰宇宙最終將成一片廣闊無垠的次原子粒子汪洋,下場慘澹,天文物理學家佛瑞德·亞當斯和格果瑞·拉弗林(Gregory Laughlin)曾如此描述。

宇宙消亡始末推演如下。在我們現存的紀元中,星體釋發出的能量造就天體運行。我們的宇宙年齡約莫一百三十七億年,發光的天體卻如鳳毛麟角。然而,所有星體在一百兆年後都會死亡,屆時星系用罄產生星辰的原料氣體,便不再有天體誕生,星辰滿天的紀元也就此黯然步入尾聲。

接著第二紀元降臨,在能量減少、星系坍縮的狀態下,宇宙仍持續擴張。物質聚集在星系中心,成了質量不足為發光恆星的棕矮星,在星際間苟延殘喘。此時,燃燒殆盡、塌陷死亡的星體殘片會受重力牽引叢聚,形成密度極高的天體,如白矮星、中子星及黑洞。這些白矮星和中子星最後會因質子衰變而崩解潰散。

而後迎來第三紀元,也就是黑洞的紀元,到了這個階段,因受重力牽引,所有星系皆已坍縮成質量巨大無比的黑洞。根據天文物理學家史蒂芬·霍金在1970年代提出的說法,黑洞碩大的質量最終會因能量輻射效應而消失。也就是說,具有一座大銀河系質量的黑洞,在10^{98}至10^{100}年內便會消亡。

黑洞紀元落幕後,還有什麼殘存下來?孤寂的宇宙空洞將由何來填補?到最後,我們的宇宙可能將成一片浩瀚的電子汪洋。

另可參考:絕種(1796年),安樂死(1872年),量子復活(一百兆年之後)

這幅垂死的宇宙示意圖,為瑪格麗特·史都華(Margaret M. Stewart)所作。天文物理學家曾說過,一旦天體、星系、黑洞消失,我們現居的滿天星辰宇宙,最終將成一片廣闊無垠的次原子粒子汪洋,下場慘澹。

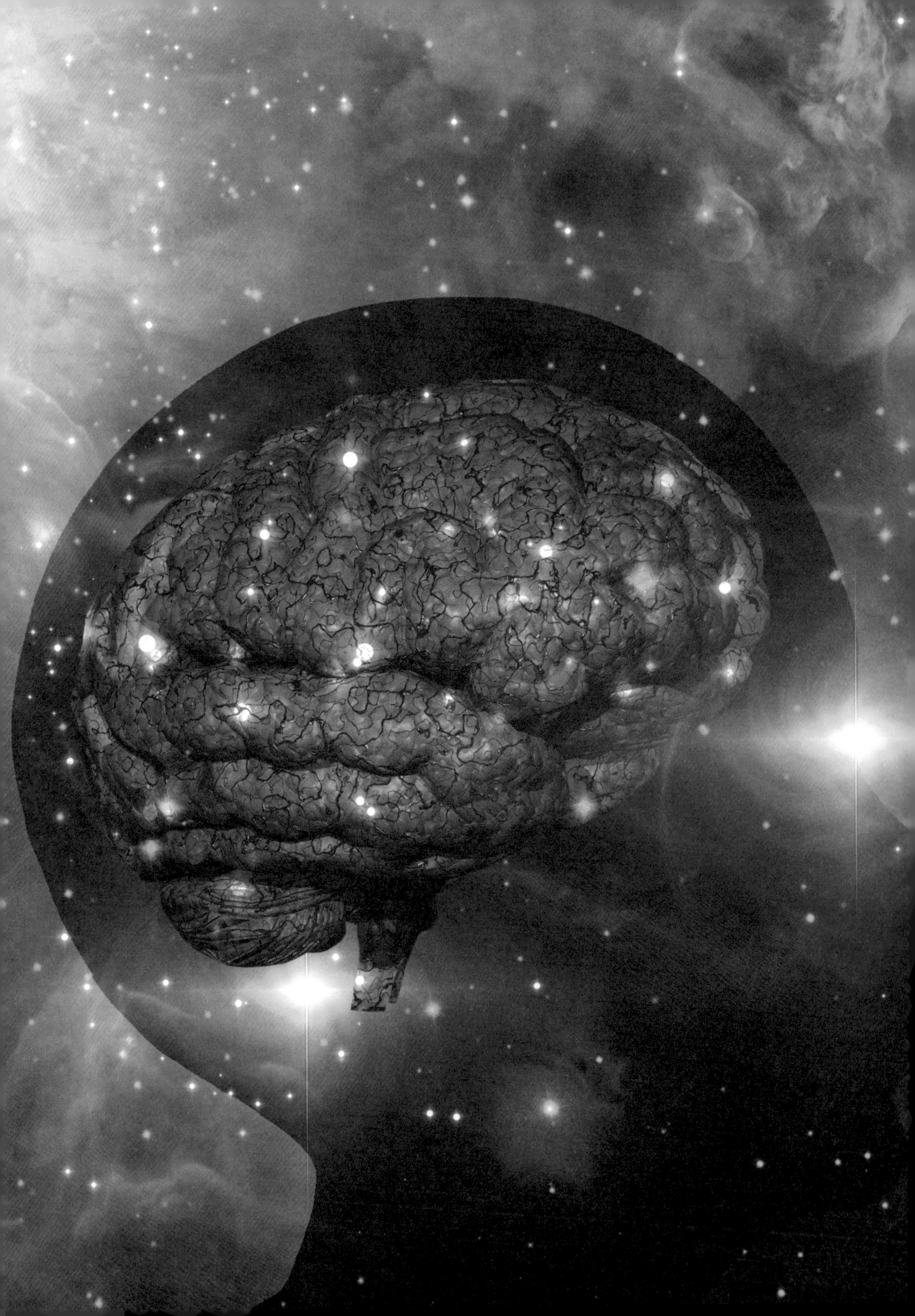

量子復活

路德維希·波茲曼(Ludwig Eduard Boltzmann, 1844-1906)，
李奧納德·色斯金(Leonard Susskind, 1940-)，湯瑪斯·班克斯(Tom Banks, 1949-)，
凱瑟琳·佛里斯(Katherine Freese, 1957-)

我們的宇宙命運仍在未定之天，雖然有宇宙會永無止境「萌生」下個宇宙這一說，還是暫且先關心我們自身的宇宙好了。有些人認為宇宙會永遠持續擴張下去，粒子越來越稀疏。聽起來頗為悲涼是不是？但儘管宇宙已成一片虛空，根據量子力學理論，殘存能量場仍會出現隨機漲落，從一無所有中蹦出粒子來。通常這樣的活動都極小，巨大的漲落相當罕見。但粒子的確會出現，久而久之，遲早會有不容小覷的玩意現身（例如氫原子，甚至是像乙烯的小分子，$H_2C=CH_2$）。乍看之下或許沒什麼，但若未來時間無窮，什麼都有可能出現，雖說多半是一團混沌，但偶爾也會有幾隻螞蟻、幾顆行星、幾個人冒出，或如金星大小、由黃金製成的腦蹦出。物理學家凱瑟琳·佛里斯說，等上無止境的時間，你便冒出來了。全人類的量子復活指日可待。

今日，嚴謹的科學家甚至還討論過宇宙由漂浮外太空、有自覺的波茲曼（Boltzmann）大腦所主宰的可能。以奧地利物理學家路德維希·波茲曼之名命名的波茲曼大腦簡直就是天方夜譚，幾乎不可能在我們現年一百三十七億年的宇宙出現。根據物理學家湯瑪斯·班克斯估算，熱漲落產生大腦的概率為e的-10^{25}次方（譯註：此處e為數學常數，數值約等於e=2.7182）。然而，在極其久遠、浩瀚無窮的空間中，搞不好會冒出這些令人毛骨悚然、具意識的觀察者。現在有越來越多文獻指出波茲曼大腦不無可能。在一篇2002年發表的論文中，科學家麗莎·戴森（Lisa Dyson）、馬修·克萊本（Matthew Kleban）和李奧納德·色斯金便認為，一般具智能的觀察者不會經宇宙演進和演化而生，反倒是熱漲落賦予了其可能性。

另可參考：輪迴轉世（約西元前600年），復活（約30年），模擬來世（1967年），量子永生（1987年）

漂浮在太空中無實體的大腦示意圖，由布魯斯．羅夫（Bruce Rolff）所作。由熱力生成的無形智能，是否有一天會主宰我們的宇宙？

註解及參考資料

本書涵蓋了量子復活、人體冷凍技術、解剖等涉及科學或醫療的篇章，若想更進一步了解，請參考同為編年圖文書的拙作：《物理之書》（The Physics Book: From the Big Bang to Quantum Resurrection）（時報出版）、《醫學之書》（The Medical Book: From Witch Doctors to Robot Surgeons）（時報出版）、《黑色之書》（The Book of Black，多佛〔Dover〕出版社）。

以下羅列出這本書的參考資料。讀者應該也知道網站來來去去，網址不時變更，甚至整個網站消失不見。此處附上的網址在寫這本書時提供了相當寶貴的資訊。探索這類主題時，維基百科（en.wikipedia.org）是個好幫手，有時我會以維基百科、其他網站、書籍、論文當跳板下去著手。

本書旨在探討跟死亡與來世有關的科學及社會議題，如有疏漏，歡迎告知。只要到我的網站pickover.com來信告訴我你的想法。或許屆時本書再版，便可收錄像毒針注射、十字架刑、通靈板、柏拉圖筆下的厄爾傳說、布萊蒂．墨非（Bridey Murphy）（譯註：六〇年代一名美國婦女稱她前世是愛爾蘭農村少女布萊蒂．墨非，轟動當時社會）等主題。

最後要在此感謝泰佳．庫賽克（Teja Krasek）、丹尼斯．戈登（Dennis Gordon）、蘇珊．史東（Susan Stone）、拉提西亞．波托瑞克（Letitia Potorac）不吝指教。

Introduction

Christina, G., "Comforting Thoughts about Death that Have Nothing to Do with God," *Skeptical Inquirer*, March/April 2005, p. 50.

Kosslyn, S., chapter in *What We Believe but Cannot Prove*, ed. J. Brockman (New York: Harper, 2006).

Pickover, C., *A Beginner's Guide to Immortality* (New York: Thunder's Mouth Press, 2007).

c. 11,000 BCE: Natufian Funeral Flowers

Barras, C., "Flowers Have Been at Funerals for 13,000 Years," *New Scientist*, July 2, 2013, tinyurl .com/oqlbgvn.

Nadel, D., et al. "Earliest Floral Grave Lining from 13,700–11,700-y-old Natufian Burials at Raqefet Cave, Mt. Carmel, Israel," Proceedings of the National Academy of Sciences of the United States of America, July 16, 2013, tinyurl .com/lo5r5ux.

c. 4000 BCE: Burial Mounds

"Jefferson's Excavation of an Indian Burial Mound," *The Jefferson Monticello*, November 2010, tinyurl.com/c6owtx2.

Orchard, A., *A Critical Companion to Beowulf* (Suffolk, UK: D. S. Brewer, 2003).

c. 4000 BCE: Coffins

De Witte, M., *Long Live the Dead* (Amsterdam: Aksant, 2001).

c. 2400 BCE: Heaven

Lotz, A., *Heaven* (Nashville: Thomas Nelson, 2005).

Smith, G., *Heaven in the American Imagination* (New York: Oxford University Press, 2011).

c. 2000 BCE: The Epic of Gilgamesh

Mitchell, S., *Gilgamesh* (New York: Atria, 2004).

Sandars, N., *The Epic of Gilgamesh* (New York: Penguin Books, 1972).

c. 1772 BCE: Capital Punishment

Marzilli, A., *Capital Punishment* (New York: Chelsea House, 2008).

c. 1600 BCE: Gravestones

Greenfield, R., "Our First Parks: The Forgotten History of Cemeteries" (interview with K. Eggener), *The Atlantic*, March 16, 2011, tinyurl.com/d95o8gq.

"Stela," *Encyclopaedia Britannica*, accessed April 20, 2015, tinyurl .com/lptagh2.

c. 1550 BCE: The Egyptian Book of the Dead

Allsop, L., "Ancient Egyptians' Spells Were 'Passport' into Paradise," CNN.com, November 4, 2010, tinyurl .com/ms3jmm4.

Lichtheim, M., *Ancient Egyptian Literature, Vol. II* (Berkeley: University of California Press, 2006).

c. 1007 BCE: The Witch of Endor

Day, C., *The Witches' Book of the Dead* (San Francisco: Weiser, 2011).

Wray, T., *Good Girls, Bad Girls* (Lanham, MD: Rowman & Littlefield, 2008).

c. 600 BCE: Reincarnation

Dowdey, S., "How Reincarnation Works," HowStuffWorks.com, accessed April 20, 2015, tinyurl .com/n7sfjjy.

480 BCE: Epitaphs

Miller, K., *Last Laughs* (New York: Sterling, 2006).

Wright, G., *Discovering Epitaphs* (Oxford, UK: Shire, 2008).

c. 400 BCE: Hell

Crisafulli, C., and K. Thompson, *Go to Hell* (New York: Simon & Schuster, 2005).

c. 300 BCE: Suicide

Watt, J., *From Sin to Insanity* (Ithaca, NY: Cornell University Press, 2004).

c. 210 BCE: Terra-Cotta Army

Capek, M., *Emperor Qin's Terra Cotta Army* (Minneapolis, MN: Twenty-First Century Books, 2008).

c. 100 BCE: Xibalba

Chládek, S., *Exploring Maya Ritual Caves* (Lanham, MD: AltaMira, 2011).

c. 30 CE: Resurrection

Vermes, G., *The Resurrection* (New York: Doubleday, 2008).

c. 70 CE: Abortion

Guenin, L., "Morals and Primordials," *Science* 292 (June 2001):1659.

Pickover, C., *The Medical Book* (New York: Sterling, 2012).

c. 80 CE: Outer Darkness

Faust, J. D., *The Rod: Will God Spare It?* (Hayesville, NC: Schoettle Publishing Co., 2003).

Lockyer, H., *All the Parables of the Bible* (Grand Rapids, MI: Zondervan, 1988).

Pickover, C., *The Book of Black* (New York: Dover, 2013).

Williams, D., *Complete Idiot's Guide to Understanding Mormonism* (Indianapolis: Alpha, 2003).

c. 100 CE: Ghosts

Danelek, J., *The Case for Ghosts* (Woodbury, MN: Llewellyn, 2006).

c. 135: Martyr

Roth, C., *Encyclopedia Judaica* (18-volume set) (New York: Coronet Books, reprint edition, 2002).

c. 780: The Tibetan Book of the Dead

Bower, M. and J. Waxman, *Lecture Notes: Oncology* (Hoboken, NJ: Wiley-Blackwell, 2010).

c. 1220: Bifrost

Lee, R., and A. Fraser, *The Rainbow Bridge* (University Park, PA: Pennsylvania State University Press, 2001).

1321: Dante's The Divine Comedy

Kirkpatrick, R., ed., *Dante* (New York: Cambridge University Press, 2006).

SparkNotes Editors, "SparkNote on Inferno," SparkNotes, accessed April 20, 2015, tinyurl .com/cp5s5p.

1328: Sky Burial

Faison, S., "Lirong Journal: Tibetans, and Vultures, Keep Ancient Burial Rite," *New York Times*, July 3, 1999, tinyurl.com /mtys8ma.

1347: Black Death

Cantor, N., *In the Wake of the Plague: The Black Death and the World It Made* (New York: Free Press, 2001).

Marriott, E., *Plague* (New York: Metropolitan Books, 2002).

1350: Banshee

Yeats, W., *The Celtic Twilight* (London, A. H. Bullen, 1893).

1424: Grim Reaper

Aiken, L., *Dying, Death, and Bereavement* (Mahwah, NJ: Lawrence Erlbaum Associates, 2001).

c. 1490: Death and the Miser

Bosing, W., *The Complete Paintings of Bosch* (Los Angeles: Taschen, 2000).

Pankofsky, E., *Early Netherlandish Painting* (New York: HarperCollins, 1971).

1519: Day of the Dead

Paz, O., *The Labyrinth of Solitude* (New York; Grove Press, 1994).

Williams, K., and S. Mack, *Day of the Dead* (Layton, UT: Gibbs Smith, 2011).

c. 1590: Funeral Processions

Benjamin, K., *Funerals to Die For* (Avon, MA: Adams, 2013).

Hoy, W., *Do Funerals Matter?* (New York: Routledge, 2013).

1619: Plague Doctor Costume

Rosenhek, J., "Doctors of the Black Death," *Doctor's Review*, October 2011, tinyurl.com/kaa3swh.

1651: Gravediggers

Quigley, C., *The Corpse* (Jefferson, NC: McFarland, 1996).

Parets, M., *A Journal of the Plague Year* (Amelang, J., translator) (New York: Oxford University Press, 1991).

1731: Obituaries

Bowman, D., quoted in N. Starck, *Life After Death* (Melbourne University Publishing, 2006).

Hume, J., *Obituaries in American Culture* (Jackson: University Press of Mississippi, 2000).

Pickover, C., *A Beginner's Guide to Immortality* (New York: Thunder's Mouth Press, 2007).

1770: Death Certificate

Wexelman, B., quoted in L. Altman, "Making the Right Call, Even in Death," *New York Times*, July 1, 2013, tinyurl.com/lvfa5mg.

1792: Guillotine

Abbott, G., *What a Way to Go* (New York: St. Martin's, 2007).

c. 1805: Jacob's Ladder

Ryken, L, J. Wilhoit, and T. Longman, eds., *Dictionary of Biblical Imagery* (Downers Grove, IL: InterVarsity Press, 1998).

1818: Frankenstein

Goldman, M., "Origins of the Modern Prometheus," *Science*, 341 (July 2013): 131, tinyurl.com/ n9mde25.

1819: Vampires

Johnson, E. M., "A Natural History of Vampires," *Scientific American* (blog), October 31, 2011, tinyurl.com/73mgtqp.

Maberry, J., *Vampire Universe* (New York: Citadel, 2006).

1831: Cemeteries

Greenfield, R., "Our First Parks: The Forgotten History of Cemeteries" (interview with K. Eggener), *The Atlantic*, March 16, 2011, tinyurl.com/d95o8gq.

1845: "The Raven"

Kennedy, J., ed, *The Portable Edgar Allan Poe* (New York: Penguin, 2006).

1845: Summer Land

Davis, A., *The Great Harmonia* (New York: B. Marsh, 1852).

Davis, A., *A Stellar Key to the Summer Land* (Los Angeles: Austin Publishing, 1920).

1846: Death's-Head Hawk Moth

Majerus, M., *Moths* (New York: Collins, 2010).

Murgoci, A., "The Vampire in Roumania," *Folk-Lore*, 37 (December, 1926).

1848: Séance

Pickover, C., *Dreaming the Future* (Amherst, NY: Prometheus, 2001).

1852: Ophelia

Brown, R., *The Art of Suicide* (London: Reaktion Books, 2001).

Thomas, J., "Ophelia," in *Encyclopedia of the Romantic Era, 1760–1850*, ed. C. Murray, (New York: Routledge, 2003).

1867: Embalming

Laderman, G., *Rest in Peace* (New York: Oxford University Press, 2005).

1872: Euthanasia

Dworkin, R., *Life's Dominion* (New York: Vintage, 1994).

1880: Walking Corpse Syndrome

Enoch, E., and H. Ball, *Uncommon Psychiatric Disorders*. (London: Hodder Arnold, 2001). (Source of quotes from patients.)

1886: The Death of Ivan Ilyich

Blythe, R., introduction to Leo Tolstoy's *The Death of Ivan Ilyich* (New York: Bantam, 1981).

c. 1888: Death Mask

Kolbe, G., foreword in *Undying Faces*, trans. M. Green (Whitefish, MT: Kennsinger, 2010). (A translation of E. Benkard's *Das Ewige Antlitz*.)

Quigley, C., *The Corpse* (Jefferson, NC: McFarland, 1996).

c. 1890: Crucifixion Vision of Tissot

Brooklyn Museum, "James Tissot: 'The Life of Christ,'" accessed April 20, 2015, tinyurl.com/lbhd2g8.

Matyjaszkiewicz, K., *James Tissot* (New York: Abbeville, 1985).

1895: Schwabe's The Death of the Gravedigger

Guthke, K., *The Gender of Death* (New York: Cambridge University Press, 1999).

1896: The Garden of Death

Bertman, S., "The Garden of Death," LITMED (Literature, Arts, Medicine Database), last modified May 17, 2007, tinyurl .com/kl962p5.

1902: "The Monkey's Paw"

Rescher, N., *Philosophical Explorations* (Piscataway, NJ: Transaction Books, 2011).

1907: Searches for the Soul

Pickover, C., *The Medical Book* (New York: Sterling, 2012).

1922: Last Words of the Dying

Bisbort, A., *Famous Last Words* (Rohnert Park, CA: Pomegranate, 2001).

Brotman, B., "Striking Similarity of Dying Words," *Chicago Tribune*, June 19, 2013, tinyurl .com/o4a4hq3.

Callanan, M., Kelley, P., *Final Gifts* (New York: Simon & Schuster, 2012).

1922: Lovecraft's Reanimator

Brite, P., introduction to *Waking Up Screaming* (New York: Del Rey, 2003).

Hambly, B., introduction to *The Road to Madness* (New York: Del Rey, 1996).

1944: Genocide

Destexhe, A., *Rwanda and Genocide in the Twentieth Century* (New York: New York University Press, 1995).

1944: Kamikaze Pilots

Merari, A., *Driven to Death* (New York: Oxford University Press, 2010).

Stevenson, J. "An Excerpt from Kamikaze Death Poetry," *SPECS Journal of Art and Culture*, 2(2009): 172.

1951: The Grass Harp

Tyson, D., *Scrying for Beginners* (Woodbury, MN: Llewellyn, 1997).

1956: Cardiopulmonary Resuscitation

Pickover, C., *The Medical Book* (New York: Sterling, 2012).

1956: Golding's Liminal World

Eagleton, T., *Figures of Dissent* (New York: Verso, 2003).

Golding, W., *Pincher Martin: The Two Deaths of Christopher Martin* (New York: Harvest Books, 2002).

Pickover, C., *The Book of Black* (New York: Dover, 2013).

Redpath, P., *William Golding: A Structural Reading of His Fiction* (Totowa, NJ: Barnes & Noble Books, 1986).

Surette, L., "A Matter of Belief: Pincher Martin's Afterlife," *Twentieth Century Literature*, 40 (Summer 1994): 205–225. (Source of Golding's radio quotation.)

1957: Transhumanism

Huxley, J., *New Bottles for New Wine* (London: Chatto & Windus, 1957).

Pickover, C., *A Beginner's Guide to Immortality* (New York: Thunder's Mouth Press, 2007).

1962: Cryonics

Alam, H., quoted in A. "Suspended Animation: Putting Life on Hold," *New Scientist*, January 21, 2006, tinyurl .com/4h3kku2.

Pickover, C., *The Medical Book* (New York: Sterling, 2012).

1962: Ondine's Curse

Landau, I., *The Hypochondriac's Handbook* (New York: Skyhorse Publishing, 2010).

Tallis, R., *The Kingdom of Infinite Space* (New Haven, CT: Yale University Press, 2008).

1967: Afterlife in a Simulation

Davies, P., "A Brief History of the Universe," *New York Times*, April 12, 2003, tinyurl.com/yfyap9t.

Pickover, C., *The Physics Book* (New York: Sterling, 2011).

Reese, M., "In the Matrix," Edge .org, accessed April 20, 2015, tinyurl.com/yke5b7w.

1967: Hospice

Pickover, C., *The Medical Book* (New York: Sterling, 2012).

1968: Brain Death

Machado, C., *Brain Death*: A Reappraisal (New York: Springer, 2007).

1968: Zombies

Brown, N., *The Complete Idiot's Guide to Zombies* (Indianapolis: Alpha, 2010).

Moreman, C., and C. Rushton, *Zombies Are Us* (Jefferson, NC: McFarland, 2011).

1969: On Death and Dying

Of course, not all patients follow all of the stages of dying, and some have criticized the idea of five stages as not being sufficiently accurate. Nevertheless, *On Death and Dying* has had a large effect on both laypeople and medical professionals.

Pickover, C., *A Beginner's Guide to Immortality* (New York: Thunder's Mouth Press, 2007).

Redwood, D., "Elisabeth Kübler-Ross, Interview" tinyurl.com /m84bsmp.

1975: Near-Death Experiences

Pickover, C., *The Medical Book* (New York: Sterling, 2012).

1976: Do Not Resuscitate

Pickover, C., *The Medical Book* (New York: Sterling, 2012).

Woodruff, W., tinyurl.com /pte2p4b.

1980: Death Squads

Arnson, C., "Window on the Past: A Declassified History of Death Squads in El Salvador." In *Death Squads in Global Perspective*, Campbell, B., and A. Brenner, eds. (New York: Palgrave, 2002).

1987: Quantum Immortality

Pickover, C., *The Physics Book* (New York: Sterling, 2011).

1996: Thanatourism

Foley, M., and J. Lennon, "JKF and Dark Tourism: A Fascination with Assassination," *International Journal of Heritage Studies 2* (1996): 198–211.

Foley, M., and J. Lennon, "Dark Tourism: An Ethical Dilemma," in *Strategic Issues for the Hospitality: Tourism and Leisure Industries*, eds. M. Foley, J. J. Lennon, and G. Maxwell (London: Cassell, 1997), pp. 153–164.

Lennon, J., "Journeys into Understanding: What Is Dark Tourism?" *The Observer*, October 23, 2005, http://tinyurl .com/24zsbk.

Lennon, J., and M. Foley, *Dark Tourism: The Attraction of Death and Disaster* (London: Continuum, 2000).

Pickover, C., *The Book of Black* (New York: Dover, 2013).

Rojek, C., *Ways of Seeing-Modern Transformations in Leisure and Travel* (London: Macmillan, 1993).

Seaton, A. V., "Thanatourism's Final Frontiers? Visits to Cemeteries, Churchyards and Funerary Sites as Sacred and Secular Pilgrimage," *Tourism Recreation Research* 27 (2002): 73–82.

"The Word: Dark Tourism," *New Scientist* 2597 (March 31, 2007): 50.

Yuill, S. M., *Dark Tourism: Understanding Visitor Motivation at Sites of Death and Disaster*, Master's Thesis, Texas A&M University, December 2003, http://tinyurl.com/9mzshah.

2002: Programmed Cell Death

Edmonds, M., "What Is Apoptosis?" HowStuffWorks .com, accessed April 20, 2015, tinyurl.com/phbzjo6.

Melino, G., and D. Vaux, eds., preface to *Cell Death* (Hoboken, NJ: Wiley, 2010).

Melino, G., D. Vaux, and J. Ameisen, "The Siren's Song: This Death that Makes Life Live," in *Cell Death* (Hoboken, NJ: Wiley, 2010).

>100 Trillion: Death of Universe

Adams, F., Laughlin, G., *The Five Ages of the Universe* (New York: Free Press, 2000).

Pickover, C., *The Physics Book* (New York: Sterling, 2011).

>100 Trillion: Quantum Resurrection

Cosmologists also refer to these brains as "freaky observers," in contrast to the traditional observers of the cosmos. Note that these brains need not require real biological bodies to support them. Debates continue as to what actually is a "typical" observer in an infinite universe. If some atoms in another universe briefly come together and look and think *exactly* like you, is it you? Random fluctuations could even lead to a new Big Bang.

Aczel, A, "The Higgs, Boltzmann Brains, and Monkeys Typing Hamlet," *Discover*, October 31, 2012, tinyurl.com/n82r9zt.

Banks, T., "Entropy and Initial Conditions in Cosmology," Cornell University Library, January 16, 2007, tinyurl.com /yjxapye.

Battersby, S. "Quantum Resurrection," sidebar in "The Final Unraveling of the Universe," *New Scientist*, 185(2005): 31-37.

Carroll, S., "The Higgs Boson vs. Boltzmann Brains," 2013, tinyurl .com/mnhkozc. "If the universe enters a de Sitter vacuum phase that is truly eternal, there will be a finite temperature in empty space and corresponding thermal fluctuations. Among these fluctuations will be intelligent observers. . . . "

Pickover, C., *The Physics Book* (New York: Sterling, 2011).

索引

D

E

F

G

H

I

J

K

S

T

U

V

W

X

Y

Z

圖片來源

由於本書插圖有些年代久遠、相當罕見，原作難免破損不清，有時必須使用修圖軟體移除髒污及刮痕，使模糊的部分變清晰，偶爾還得替黑白圖片上色，增加視覺張力。小小僭越，只為求做出一本設計精美、令人愛不釋手的科普書，希望奉行歷史純粹主義的大德們能手下留情。圍繞死亡與來世的主題廣泛、極具深度，從書中相片和插圖應可看出筆者對其深深著迷。

Courtesy National Archives and Records Administration
80-G-323712: 158

Courtesy Prints and Photographs Division, Library of Congress
LC-USZC4-8266: 116; LC-USZ62-137315: 172

Shutterstock
© 2630ben: 4; © Linda Bucklin: 170; © Cornfield: 6; © Givaga: 160; © Knorre: 194; © Nejron Photo: 190; © Ociacia: 168; © Libor PÃÅ¡ka: 24; © Tonis Pan: 174;© Michal Poracky: 146; © Bruce Rolff: 198; © Margaret M Stewart: 196; © Alexandra Thompson: 192; © PetrVaclavek: 186; © verandah: 156; © Viktorus: 164; © WELBURNSTUART: 180

Courtesy Wikimedia Foundation
© BabelStone: 12; © Tomas Castelazo, www.tomascastelazo.com: 80; © Robert A. Estremo: 38; © Gryffindor: 108; © Jean-Marie Hullot: 62; © Jisa39: 88; © MarosMraz: 44; © DaniNadel: 2; © NikodemNijaki: 16; N.Y.C. Department of Records/Municipal Archives: 96; © Paterm: 134; © Photowriter: 110; © RedAndr: 128; © James Steakley: 32; © Truthven: 34; Walters Art Museum: 58, 178; The Yorck Project: 26, 90; © Zenith210: 70; xii; 8; 10; 14; 18; 20; 22; 28; 30; 40; 42; 46; 48; 50; 52; 54; 56; 60; 64; 66; 68; 72; 74; 76; 78; 82; 84; 86; 92; 94; 98; 100; 102; 104; 106; 112; 114; 118; 120; 124; 126; 130; 132; 136; 138; 142; 144; 148; 150; 152; 154; 162; 166; 176; 182; 184; 188

Mirror 001

死亡與來世：從火化到量子復活的編年史

Death and the Afterlife: a chronological journey, from cremation to quantum resurrection.

作　　者　柯利弗德・皮寇弗 (Clifford A. Pickover)
譯　　者　李之年
責任編輯　莊琬華
發 行 人　蔡澤松
出　　版　天培文化有限公司
　　　　　台北市 105 八德路 3 段 12 巷 57 弄 40 號
　　　　　電話 / 02-25776564・傳真／ 02-25789205
郵政劃撥　19382439
九歌文學網　www.chiuko.com.tw
印　　刷　前進彩藝有限公司
法律顧問　龍躍天律師・蕭雄淋律師・董安丹律師
發　　行　九歌出版社有限公司
　　　　　台北市 105 八德路 3 段 12 巷 57 弄 40 號
　　　　　電話／ 02-25776564・傳真／ 02-25789205
初　　版　2017 年 4 月
定　　價　450 元
書　　號　0305001
ISBN ／ 978-986-6385-92-6

國家圖書館出版品預行編目 (CIP) 資料

死亡與來世：從火化到量子復活的編年史 / 柯利弗德 . 皮寇佛 (Clifford A. Pickover) 著 ; 李之年譯 .
臺北市 : 天培文化出版 : 九歌發行 , 2017.04
　面 ;　公分 . -- (Mirror ; 1)
譯自 :Death and the afterlife : a chronological journey from cremation to quantum resurrection
ISBN 978-986-6385-92-6(平裝)
1. 生死學 2. 死亡
197　　　　　106003114